Thomas Dilan

Sur les chemins d'une spiritualité laïque

Ararat

Couverture : couple Shiva / Shakti.

© AKG Images - ATibetische Plastik, 18. Jh. - Vajrasattva in Vereinigung mit der höchsten Weisheit Visvatara. - Bronze mit Edelsteinen, Höhe : 10 inches.
London, Philip Goldman Collection.

Réalisation graphique : Mathilde Decorbez.

ISBN : 978-2-9549023-1-9

Préface à la deuxième édition

En quête d'unité et de lumière, *Sur les chemins d'une spiritualité laïque* explore l'essence commune des religions, du yoga et du bonheur. Le tronc d'un arbre dont les religions et les philosophies ne seraient que les différentes branches, comme l'évoquait Gandhi.

J'y suis entouré des compagnons et des repères qui m'ont le plus éclairé : les fulgurances de poètes comme Rimbaud, Gide, Pasternak ou William Blake, les apports de la psychologie occidentale, et surtout, les approches du shivaïsme tantrique et du Vedanta, qui m'ont donné des clefs décisives. Depuis une vingtaine d'années, je n'ai cessé d'étudier et d'expérimenter ces enseignements et les pratiques qu'ils proposent, comme la méditation. Je les ai confrontés à la réalité quotidienne, y testant leur validité.

Les éléments de l'absolu qu'ils proposent m'ont en particulier éclairé : « être - conscience - béatitude. » À la différence de catégories abstraites et figurées du type « Père - Fils - Saint Esprit », sujettes à de multiples interprétations.

Autre aspect important : ces approches valorisaient la conscience en tant que perception ou présence (et non plus réduite à la pensée comme dans l'approche cartésienne), et appelaient ainsi chacun à se responsabiliser et à faire sa propre expérience. Que demander de plus ?

Enfin, le Vedanta et le shivaïsme tantrique intégraient des pratiques concrètes, des techniques et des outils pour s'améliorer et se transformer, contenues notamment dans les principaux yogas (yoga de l'esprit, yoga du cœur, yoga de l'action).

Peu à peu, les traits d'une spiritualité laïque se sont esquissés, à savoir une spiritualité élaborée en conscience, sans dogme ni croyance, procédant d'une démarche de type scientifique : expérimentation et observation.

Une spiritualité ancrée sur terre, qui n'oppose pas le corps et l'esprit mais cherche plutôt à voir comment les harmoniser, et qui donne des clés pour une meilleure connexion à soi, à l'autre et au monde.

C'est ce cheminement, ses ouvertures et sa pertinence dans l'époque actuelle (fondements universels de l'identité, révolution de la méditation...) que j'ai souhaité faire partager ici.

La première version éditée en 2014 comportait une large part de poésie intimiste. Or, les évènements terroristes de 2015 et 2016 en France, d'une part, l'urgence croissante de trouver une alternative au modèle consumériste destructeur, d'autre part, m'ont décidé à rendre cet ouvrage plus accessible et plus universel. D'où cette deuxième édition. La structure et plusieurs chapitres ont été revus, et la partie poétique, diminuée. Les séquences poétiques essentielles ont été maintenues tant elles sont consubstantielles à la démarche de l'ouvrage : faire part d'une spiritualité incarnée, ne pas être seulement dans l'information mais dans l'expérience. La poésie telle que je l'aime est spiritualité incarnée : présence au monde, communion, résonnance...

Ce recueil est une exploration, aussi la forme retenue est-elle assez libre, donnant des coups d'éclairage successifs sur des aspects du cheminement spirituel. Cette forme est à l'image d'ouvrages qui ont inspiré ce recueil comme *Les nourritures terrestres* d'André Gide, *Le mariage du Ciel et de l'Enfer* de W. Blake ou encore *Le prophète* de Khalil Gibran.

Si les entrées sont multiples, il ne s'agit pas pour autant ici d'un album, mais d'un cheminement, avec une progression.

À la suite d'un prélude poétique, le recueil commence par évoquer la dimension du *Guerrier du sacré,* guerrier de la vraie vie, puis la mue de ce guerrier en *Danseur.* Fort de ces premiers repères, ce danseur s'en va explorer *Le chemin de l'amour.*

Sont abordés ensuite les clefs philosophiques décisives et les *Éléments d'une spiritualité laïque. La révolution de la méditation* décline ces clés sur le plan sociétal et montre leur pertinence pour faire face aux enjeux de civilisation actuels. Cette vision est synthétisée dans un appel et un poème-manifeste : « Deviens présent ». Suit une ouverture poétique finale *Vers la lumière.*

Au cours de la lecture, le symbole « * * * » invite à une pause, à une respiration.

En vous souhaitant un bon voyage,

Thomas DILAN

Prélude

La possibilité d'un émerveillement infini

Il y a dans tout être humain, à tout moment,
la possibilité d'un émerveillement infini.
Émerveillement qui est ressourcement.

Sensation de plénitude, de lumière,
d'être relié à l'infini.
Infiniment relié.

Sensation de vérité totale dans le moindre motif,
la moindre scène, le moindre paysage.

Le moindre instant peut être spectaculaire.

Chaque instant peut être un miracle.

Chaque instant contient l'univers.

*   *   *

En route ! Enfin !

La présence.

Alors, un seul arbre peut donner le monde.

Nature

Pénétrant les vallées,
J'ai senti une force immense
Sourdre de la terre, des montagnes,
Une immense béatitude.

Au milieu des bois,
La caresse énergétique des plantes
Saturait l'espace et enveloppait les corps,
Elle était douce.

Puis, la nuit tombant, à flanc de colline,
Un murmure monta de la terre,
Des fleurs, des arbres,
Il imprégnait tout,

C'était l'amour.
Mon cœur explosa.

Vers l'aube perpétuelle

Aube,
Instant frais où tout renaît,
Où la lumière fait signe,
Où Ciel et Terre se joignent
Et « les soleils rajeunis inondent
Après s'être lavés au fond des mers profondes[1] ».
Il n'est pas de nuit dont la lumière ne vienne à bout.

Aube,
Tout l'univers, la vie entière célèbre cet instant ;
La vie, elle-même aube perpétuelle.
Celui qui va vers la lumière
Va « de commencement en commencement ».

Aube perpétuelle
de la présence et de la béatitude.

---

[1] D'après Baudelaire, *Le balcon*.

I

Le guerrier du sacré
et le danseur

Le guerrier du sacré s'appuie
sur le geste de donner

La nature crée et se renouvelle sans cesse ;
Elle est traversée par la mort en permanence ;
Exemple à suivre pour l'être humain :
Présence et engagement renouvelé de son énergie ;
Le guerrier du sacré s'appuie sur le geste de donner.

La présence est l'essence de toute discipline. Du don de soi. De toute créativité. De tout rituel.

L'artiste, comme le yogi, doit assumer la responsabilité de sa discipline.
Il y a encore un siècle, les efforts physiques et les privations entretenaient le niveau d'énergie et de discipline. Le confort a beaucoup affaibli les êtres en Occident. – Toute dépendance vis-à-vis de l'extérieur affaiblit.
C'est pourquoi, aujourd'hui, face au déferlement du confort, des tentations et des gadgets, le commun des mortels doit lui aussi assumer la responsabilité de sa discipline. « Le guerrier [du sacré] maintient sans cesse sa discipline et y prend toujours plaisir. Pour lui, la discipline n'est pas un pensum mais une joie[2]. »

Le goût de l'effort transcende le goût du confort.
Sa gratification est plus vibrante et plus pérenne.

---

[2] Chögyam Trungpa, *Shambhala - La voie sacrée du guerrier,* Seuil Points Sagesses, 1990, p. 169.

Son aboutissement est le non-effort ; l'immersion dans le flux du présent.

Fidélité à soi-même

Première des fidélités : la fidélité à soi-même.

Baudelaire, Van Gogh (un seul tableau vendu de son vivant) et tant d'autres… des phares, plus encore que par leur art, pour avoir su rester fidèles à eux-mêmes quel qu'en fut le coût social et matériel.
Et c'est précisément ce qui a fait le caractère unique et la valeur de leur œuvre.

Être vrai. Être absolument soi-même.
Être prêt même à mourir pour cela. Socrate, Jésus, Al-Hallaj, Thomas More, les martyr-e-s...

Accepter de sentir

La société occidentale a privilégié l'extérieur sur l'intérieur, la quantité sur la qualité, la consommation sur la perception…
Tout cela pour quoi ?
Pour éviter de sentir.
Avec alcool et tabac en premiers assistants.
D'où ensuite le besoin de « sensations fortes » pour parvenir à sentir quelque chose.

Accepter de vivre, c'est accepter de sentir[3].
Pourquoi est-ce si difficile ?
Parce que cela implique de sentir aussi la souffrance ; le négatif, comme le positif.
Tout être humain qui va vers lui-même rencontre toute la souffrance du monde.
Toute sa béatitude aussi.

Avoir le courage de sentir.
De se poser, et d'éprouver.
Parfois, avoir la force de pleurer.
Et d'offrir.
Au lieu de passer à l'acte.

Tant de fois j'ai côtoyé une douleur que je ne voulais pas sentir.
La douleur acceptée, sentie, épanchée, j'ai été libéré.

---

[3] Cf. Dr Étienne Jalenques, *La thérapie du bonheur*, Marabout, 2002.

Ainsi, plutôt que « Tout ce que j'ai souffert »,
je dirais : « Toute la souffrance que j'ai sentie ».

La souffrance est un creuset qui éprouve l'ego.
C'est à chaque fois une petite mort.
Accepter de sentir, c'est apprendre à mourir.

Faire l'expérience de son propre cœur.
Jusqu'à sombrer, disparaître.
Se perdre pour se trouver, plus profondément, plus réel.

*   *   *

Sentir fait remonter l'énergie au niveau du cœur.
L'énergie brute est transmutée en sentiments et en émotions.
Sinon, elle reste au niveau du ventre et du bassin, et est évacuée « par le bas » : au mieux par la sexualité, au pire dans la violence.

Ce qui n'est pas senti est sans Vie.

C'est une des fonctions de l'artiste : aider le commun des mortels à sentir. Sentir ce que ce dernier n'ose ou ne parvient à sentir, voire ce qu'il a cru sentir.

Le miracle de la sensibilité

Le miracle de la sensibilité, c'est que, tandis qu'elle s'aiguise, j'ai besoin de « moins » pour connaître la satisfaction.

La sensibilité est la pierre philosophale qui transfigure le réel : elle perce l'enveloppe de la matière, découvre le subtil et permet d'être en lien à chaque instant.

C'est la clé de la magie ordinaire.

« Toute sensation est d'une *présence* infinie[4]. »

« Si les portes de la perception étaient purifiées, chaque chose apparaîtrait à l'être humain telle qu'elle est, c'est-à-dire infinie[5]. »

La moindre scène, un couple tranquille, un enfant, un chat, un arbre... autant de choses qui autrefois pouvaient me laisser indifférent et qui peuvent désormais m'apparaître magiques.

Chez le poète,
l'émotion est à fleur de peau,
les larmes à un clignement d'yeux.

*   *   *

---

[4] André Gide, *Les Nourritures terrestres* suivi de *Les nouvelles nourritures,* Gallimard (Folio), 1977, p. 23.
[5] William Blake, *The Marriage of Heaven and Hell*. Oxford University Press, 1975, p. *xxii*.

Petite fille au jardin

Merveilleuse petite fille
Fontaine fraîche d'innocence
Rayon de pureté

Tes yeux m'éblouissent
Te voir, c'est croire en Dieu
T'aimer, c'est être heureux.

La poésie

La poésie est avant tout dans l'expérience, dans une qualité de présence au monde.
La poésie n'a donc plus besoin des mots ?
Si. Précisément pour apprendre à mieux plonger dans le moment présent, à en déguster toute la saveur.
La poésie est exploration. L'écriture, un des moyens mis à disposition de l'être humain pour prendre conscience du réel.

Et la poésie est aussi célébration : célébrer l'expérience, en immortaliser la vibration.
Pouvoir ainsi la faire partager comme s'y ressourcer.

Mais la poésie ultime est en actes.

Quid du vers ?
De la musique, oui. Mais pas de comptabilité !
L'exercice de style a terriblement nui à la poésie.
Ne touchant plus au cœur, elle a fait fuir les lecteurs.
Je préfère l'authenticité et la clarté ; la transmission d'une énergie, d'une ambiance, au plus près de l'expérience.

De l'essence de la poésie comme de l'art en général : rendre visible l'invisible, révéler le réel.
L'écriture, non pour fuir la réalité mais mieux l'étreindre.

* * *

La poésie est l'aventure ultime.

Le poète, un explorateur.

Il découvre, communie, célèbre.

Définissant « la quantité d'inconnu s'éveillant en son temps dans l'âme universelle [...], énormité devenant norme, absorbée par tous [6] », il est un éclaireur de nouveaux espaces auxquels l'être humain peut accéder.

La poésie peut sauver le monde ?

Oui, car la poésie est accueil, écoute, perception, respect, empathie, communion... Présence à soi et au monde. L'essence de la poésie est spirituelle. Une spiritualité incarnée, laïque, qui n'exclut pas un seul atome de l'univers.

Le poète est le type le plus universel et le plus achevé.

La poésie, un mode de vie. Une manière d'être au monde.

Nul besoin d'écrire, le poète peut être cultivateur, savant, médecin, enseignant, artiste, homme d'action, aventurier, saint...

---

[6] Rimbaud, *Lettres dites « du Voyant »*.

Vulnérabilité et indestructibilité

« Vulnérable mais pas fragile » dit le psychologue[7].
Fragile, tu casses.
Vulnérable, tu plies.
Cf. le chêne et le roseau.
Force de la vulnérabilité.
Toute-puissance même, indestructibilité.

Accepter sa vulnérabilité, c'est rester fluide.
Et accéder à une indestructibilité. Car une fois que tout est accepté, il n'y a plus rien à protéger.
Comme l'art de l'acteur l'illustre, la conscience peut être témoin de toute modification physique, émotionnelle ou mentale : l'acteur peut à tout moment sortir de la scène. « Le soi [ou conscience] est acteur » disent les *Shiva-Sûtra*[8].

Vouloir échapper à sa vulnérabilité, c'est nier son essence, c'est comme pour l'eau de se vouloir solide.

Honorer l'enfant, le petit et le faible en soi.
Contribuer à créer un monde qui accepte la vulnérabilité.

---

[7] Dr Étienne Jalenques, *op. cit.*
[8] III.9, *Siva Sutras*, translation, introduction and notes by Jaideva Singh, Motilal Banarsidass, 1979.

Kipling - Addendum

Si tu peux être fort tout en restant faible,
Puissant tout en demeurant vulnérable,
Si tu peux pleurer tout en restant libre de tes larmes,
Te mettre en colère et pourtant en être témoin ;

Si tu peux garder la foi quand tout le monde doutera,
Danser quand le ciel est noir et la pluie tombe,
Si tu peux embrasser le rire et les larmes
Et éprouver une égale félicité ;

Si tu peux t'astreindre à une discipline
Et pourtant rester libre de ses règles,
Trouvant en la spontanéité
Un appui tout aussi imparable ;

Si tu peux te jeter dans l'action,
T'y donner totalement,
Et pourtant rester hors de l'action,
Tel un acteur ;

Si tu peux accueillir toutes les situations,
Infiniment souple,
Et profiter des épreuves,
Eclairant l'obscurité,

Alors, mon Fils,
Tu seras Présent.

Bébé

Héraut de la lumière,
Incarnation d'amour
Et de douceur infinie,
Dans ton sillage jaillit
La magie bienheureuse de l'existence.

Tu brandis la flamme éternelle
Et l'agite devant les pèlerins :
Ô renouvellement continuel de la nature,
Générosité fondamentale,
Ô miracle de la conscience :
Un nouvel être est parmi nous !

Et le miracle invite l'homme à l'imiter :
Ressusciter à lui-même chaque jour,
Chaque instant, repartir de plus belle,
Honorer l'énergie, où se mêlent
Béatitude et Clarté.

Doux bébé, vulnérabilité sacrée
Au fondement de notre être,
Tu propages le Rire de l'existence,
Sa joie absolue et triomphante,
Irrésistible légèreté, irrésistible expansion !

Le travail sur soi ou la pulsion de mort assumée

Outre la sensibilité, la conscience-présence, c'est aussi le travail sur soi.

Un travail qui procède par morts à soi-même successives.

« Le combat spirituel est aussi brutal que la bataille d'hommes » disait Rimbaud[9] : aussi effrayant, je dirai, mais on n'y meurt pas une mais des milliers de fois. « Je croyais apprendre à vivre, j'apprenais à mourir[10] ». Pour celui qui chemine vers lui-même, le processus de mort est continu.

La conscience-présence, c'est la pulsion de mort assumée.

À la longue, on s'habitue à ces morts à soi-même successives. Mais certaines restent marquées par l'effroi terrible qui précède un grand saut dans le vide. Certaines ouvertures du cœur sont de véritables apocalypses.

Comme l'art, le travail sur soi est fondé sur le sacrifice. Sacrifier à la présence, à la vérité. Le sacrifice peut être d'une jouissance extrême. Mort à soi-même et « petite mort ».

* * *

Le travail sur soi est ainsi source de fraîcheur et de jouvence. Dans sa propre vie comme au sein du couple :

---

[9] In *Une Saison en Enfer.*
[10] *Léonard de Vinci*, Marcel Brion et collectif, Hachette - Génies et Réalités, 1959, p. 21.

rien n'est jamais acquis, tout se rejoue et se redécouvre chaque jour.

Ce qui est la porte du merveilleux. L'œil est toujours neuf, rien n'est figé, tout est toujours possible. Pas de merveilleux donc sans présence de la mort sous une forme ou une autre. Mort, fraîcheur et merveilleux.

*   *   *

L'époque actuelle, parfois fustigée pour son manque de créativité, reste pourtant celle d'une révélation artistique : le cinéma. Grâce auquel les êtres humains peuvent incarner la « vie génialisée » que l'art traque depuis la nuit des temps, et à laquelle le travail intérieur permet d'accéder.

Celui qui travaille sur lui est à la fois l'artiste et le modèle, l'observateur et l'acteur.

Le XXIe siècle parachève tous les siècles de création artistique, ce siècle où il est donné à chaque être humain de devenir artiste de lui-même et de se transformer.

Les racines

Les racines ne sont pas tant géographiques ou culturelles qu'intérieures.
Les racines les plus profondes sont celles que l'on découvre en soi.

« L'appartenance à un type, c'est la mort de l'homme » disait Pasternak[11].
Celui qui travaille sur lui-même s'affranchit de son conditionnement et de ses origines.
Il va plus profond.
Il accède à l'universel.
Il devient citoyen du monde.

Je crois à une universalité de l'humaine condition.
Je crois à une part universelle de l'identité.
La conscience-perception et la béatitude sont des fondements partagés par tous les êtres humains.
Elles sont des racines universelles.

---

[11] Boris Pasternak, *Le docteur Jivago,* Gallimard (Folio), 1972, p. 383.

Le guerrier du sacré : guerrier ultime

Le besoin de guerre : besoin de pleine présence, besoin de l'énergie vitale ; « Il faut que violence s'exprime ».
Seul l'intérieur offre à cet égard une solution durable.
La guerre ultime : le travail intérieur ou travail sur soi.
Guerre sainte entre toutes, qui élimine toutes les autres.
Tel est le chemin vers la pleine présence, la connexion au tout.

La pleine présence, c'est un corps habité : pieds, sexe, ventre, cœur, esprit.
Ce qui passe par l'intégration de la violence et des niveaux extrêmes de l'énergie : furie, joie totale, survie…
Les Écritures shivaïtes reconnaissent la possibilité d'intégrer ces niveaux extrêmes d'énergie en conscience.
Ces états sont même des occasions privilégiées de faire l'expérience de la conscience : « Au comble de la furie, ou transporté de joie, ou épouvanté et ne sachant plus que faire, ou encore courant à perdre haleine pour sauver sa vie, en prenant conscience le yogi atteint l'espace où la conscience est établie[12]. »

---

[12] D'après *Spandakarika - Stances sur la vibration de Vasugupta*, introduction et traduction par Lilian Silburn, De Boccard Éditions, 1990, stance 22.

Le corps, un grand allié

Le corps est un grand allié.
Un temple à consacrer.
Être dans son corps : être dans un ressenti avec soi-même.
Le sport est ainsi source de malentendus : pratiquer un sport sans être dans un ressenti est non seulement source d'usure mais expose aux blessures.
Sport sans présence n'est que ruine du corps.

Être dans son corps se traduit aussi par une disponibilité à chaque instant à l'activité physique. La disponibilité à la danse, par exemple, est un moyen simple d'apprécier l'ancrage dans le corps. Dans certaines soirées, les gens parlent, boivent, fument, parlent encore, et quand vient la musique, parfois plus personne n'a envie ou n'est capable de danser.

En Occident en général, en France en particulier, l'éducation est polarisée sur le développement intellectuel. Il s'ensuit une perte de connexion avec le corps et avec le cœur, les émotions en particulier, dont l'expression a été verrouillée ; ce qui nourrit un mal-être et des compensations sur les sensations fortes, l'alcool, le tabac, le cannabis…
Le champ de la perception en Occident, quasi-circonscrit au mental, est ainsi pour l'instant très largement en deçà de ses capacités.

L'ancrage dans le corps se développe progressivement par la présence à soi, par la profondeur du ressenti avec soi-même. Travail d'une vie, qui ouvre peu à peu les portes de la perception.

En présence, le corps capte instantanément la teneur d'une pensée, d'une parole, d'une action, d'une situation... Comme l'animal qui capte la moindre modulation vibratoire.

Partir du corps.

Écrire, parler, chanter, penser... avec son corps. Je pense mieux avec mon corps. Un corps conscient aide à sentir si la vibration est juste ou non. Un corps conscient ne ment pas.

Ainsi, le senti est la source et l'achèvement du spirituel.

La vibration est le repère ultime.

Même s'agissant des mots. – J'ai aimé Rimbaud le jour où je l'ai senti.

* * *

L'art du massage, donné comme reçu, est un des moyens pour apprendre à faire du corps un allié.

La masseuse

Avec ses doigts de fée
Et son regard éclairé,
La masseuse découvre sa partition
Avec joie et émotion.

Elle en parcourt les différentes notes,
Les accords et désaccords,
Se passionnant pour cette altérité
Qui en partage lui est donnée.

Bientôt le Vent se lève
Alors, chef d'orchestre et chamane,
La masseuse remue Ciel et Terre,
Met le Feu ici, fait passer l'Eau par-là,
Les volcans éructent et les rivières se libèrent,
Elle enterre les morts et ressuscite le divin Enfant.

Le tourbillon s'accroît,
La tempête se déploie,
Croches et doubles-croches se multiplient
Dans une sensuelle symphonie,
Aucune note n'est épargnée
Aucun recoin sauvegardé.

Souffle, sons et émotions
Dansent et se répondent,
Transe libératrice, ballet orgasmique !

Danse : la grâce de la vérité

La danse est une autre grand alliée pour le corps.

Danser. Oser synchroniser son corps avec son ressenti et avec la musique. Sincèrement.

Un mouvement vrai est extatique, pour le danseur comme pour l'observateur. La vérité, critère ultime du plaisir comme du beau en danse. Je n'ai jamais vu d'aussi jouissifs et d'aussi beaux mouvements que de vrais. « La beauté est la splendeur du vrai » disait Saint Augustin.

La danse peut ainsi être une pratique spirituelle puissante : être avec ce qui est là et le mettre en mouvement ; ce qui permet une transmutation.

Cette transmutation ou libération par le mouvement est une pratique honorée depuis la nuit des temps dans les traditions chamaniques mais qui s'est perdue dans l'Occident rationaliste.

Des énergies sauvages peuvent se libérer, d'où la nécessité de ritualiser la pratique. C'est ce qu'a fait la danseuse et dramaturge Gabrielle Roth qui a identifié cinq rythmes fondamentaux de l'être humain et a mis au point la Danse des 5 rythmes®[13].

Le passage successif à travers ces cinq rythmes forme une vague : après une mise en mouvement progressive (*fluide*), celle-ci monte en puissance (*staccato*) ; arrivée à son point culminant, elle se brise (*chaos*) ; la vague

---

[13] Gabrielle Roth, *La danse des 5 rythmes : Un chemin de transformation par le mouvement,* Le Courrier du Livre, 2009. D'autres pratiques comme la *Danse médecine*® ou *Open Floor*® en sont dérivées et proches.

déferle alors et célèbre son déploiement sur la terre (*lyrique*). Enfin, elle vient s'éteindre doucement (*quiétude*).

Transe-en-danse ou la vague des 5 rythmes®

Fluide
Tandis que la musique frémit,
Doucement les membres se délient,
Lentement apprivoisent l'espace,
Animale et langoureuse valse.
Danse ! au sein de la tribu,
Le cœur en confiance et nu.

Staccato
Les percussions s'enflamment
Alors le corps s'enthousiasme,
Comme un diamant fend l'espace
Et définitivement brise la glace !
Danse et célèbre l'évidence !

Chaos
Les éléments se déchaînent, le corps
Entre en contact avec le chaos primordial,
Entière liberté, abandon à la totalité !
Se donner corps et âme
Faire l'amour avec l'espace,
Ô sublime dévotion, charnelle adoration !
Danse et offre ta transe !

Lyrique
L'être s'envole et tutoie les étoiles,
Exquise harmonie, hymne à la vie,
Danse, l'univers se réjouit !

Quiétude
Au fond de l'océan,
Retrouver la lenteur
Et le divin repos.
La vague s'en est allée,
L'âme est ressourcée.

*   *   *

Transe,
car à partir de hautes fréquences vibratoires,
l'énergie traverse le corps et agit toute seule ;
il n'y a plus qu'à obéir.

Transcendance,
car l'accueil de ce qui est et sa mise en mouvement
permet une transmutation.
Danser, alors, puise dans la dévotion,
c'est se donner corps et âme.

Transcendance encore,
car danser, c'est aussi faire l'amour avec l'espace,
disparaître dans l'espace et retrouver ainsi notre essence
spatiale infinie.

Shiva-Dionysos

La musique, le chant et la danse : besoins fondamentaux, rituels immémoriaux. Des célébrations les plus joyeuses (mariage, fêtes...) aux plus tragiques (guerre, mort…). Même au cœur de l'enfer, à Auschwitz, parmi les « *Prominenz* », aux côtés des médecins, cordonniers et tailleurs, on trouvait musiciens, danseurs et acteurs !

Dans leur forme festive, la musique, le chant et la danse ont une dimension cathartique de purge de la violence résiduelle.
Dans leur forme spirituelle, ils agissent en amont : ils transmutent la violence par l'activité consciente et l'ouverture du cœur.

Shiva-Dionysos a pâti en Occident de la raison triomphante et du « dieu qui attelle à sa croix ». Mais Shiva-Dionysos est resté vivant dans les traditions chamaniques amérindiennes ou océaniques, en Afrique, aux Antilles, et bien sûr au Brésil, où la musique et la danse sont des valeurs aussi fondamentales que les droits humains en France.
Alors que la défaite du cerveau gauche devient de plus en plus patente en Occident, Shiva-Dionysos y revient à présent.
Quant à l'Inde, la ferveur présente dans ses nombreux festivals spirituels interpelle : une ferveur de vainqueur de coupe du monde… sans coupe du monde. C'est donc

possible. Une ferveur qui se suffit presque à elle-même. Qui s'adresse à la Vie elle-même.

C'est une leçon pour le monde : une ferveur qui est au-delà d'une quelconque victoire sur l'autre ou sur la matière. Et qui ne nuit à personne.

Du guerrier au danseur

La dimension de la guerre à mener avec l'inconscience et ses avatars (avidité, mensonge, convoitise, luxure, orgueil, inertie, colère fébrile…) est reconnue dans le shivaïsme, symbolisée par les formes de Kali ou de Durga.

Pour autant, Shiva[14], dans sa forme suprême, n'est pas un dieu de la guerre.

Shiva est *Nataraja*, « le roi des danseurs ».

Shiva est un dieu de la danse et du jeu.

Tout est dit !

Socrate, Léonard de Vinci, Louis XIV… autant de grands danseurs, auraient apprécié.

Nietzsche encore : « Je ne croirais qu'en un dieu qui s'entendrait à danser[15]. »

L'heure est au combat ?
Non.
L'heure est au jeu, au surf, à la danse.

Guerrier du sacré, guerrier de la conscience ?
Non.
Danseur.

---

[14] Shiva peut être envisagé à la fois comme :
* Déité, au sein de la triade Brahma - Vishnou - Shiva, à savoir création - subsistance - dissolution (destruction, transformation). Shiva est à ce titre considéré comme le seigneur du yoga.
* L'absolu lui-même. C'est dans ce sens qu'il est évoqué dans cet ouvrage.
[15] In *Ainsi parlait Zarathoustra,* Le Livre de Poche, 1983, p. 52.

Guerrier, je reste dans la dualité.
Danseur, j'accède à l'unité.

Danse et jeu de la conscience.

II

Sur le chemin de l'amour

L'intégrité ou l'enfance retrouvée

L'enfance, c'est le ressenti, l'intégrité du ressenti.
Être connecté à son enfant intérieur, c'est être dans cette intégrité.
Les sensations d'impureté ou de perte de l'innocence viennent de la perte de cette intégrité, d'un obscurcissement de la conscience.

L'émergence de la sexualité est, à cet égard, un moment important : libération d'énergie vitale réveillant au passage les ombres de la prime enfance, les zones clivées, les émotions enfouies.

Retrouver l'intégrité après l'explosion de la libido.
Retrouver la plénitude du cœur.
Voilà l'enfance retrouvée.
L'intégrité ou pleine conscience passe par la plénitude du cœur.

Le cynisme, lui, procède justement d'une coupure avec la plénitude du cœur.
Par confort de l'ego ou parce que la souffrance à sentir est trop importante.
Parfois fort et effronté en apparence, le cynique est au fond blessé ou lâche, renonçant à la partie la plus vulnérable et la plus authentique de lui-même.
C'est pour cela qu'« au cynique, rien n'est jamais révélé[16]. »

---

[16] Oscar Wilde, *De Profundis*, Stock, 1975, p. 186.

Pourtant, la conscience, dans son essence, est inaltérable.
Dans la pleine conscience, je retrouve l'intégrité et l'innocence.

Un trouble, un conflit… ?
Accueillir la situation.
Rester conscient.
Surfer la vague de la pleine conscience jusqu'au bout,
la laisser me guider jusqu'au point de vérité.
Accueillir jusqu'à ce qu'il n'y ait plus rien à conscientiser.
Hermann Hesse disait : « On peut toujours redevenir innocent si l'on reconnaît sa faute et sa souffrance et qu'on les supporte jusqu'au bout[17]. »

---

[17] Hermann Hesse, *Siddharta*, Le Livre de Poche, 1975, p. 16.

Onan

I

La masturbation : le massacre des innocents.
Ou l'innocence massacrée.

Dépravation du désir qui reflue sur lui-même.

Fécondation du vide.

Non.

La masturbation : acte scatologique
Et non pas eschatologique !

II

Sur un sentier étroit bordé
De bosquets et de touffus genêts,
Je m'enfonçais dans la garrigue,

J'avançais dans un nuage de chaleur moite
D'où transpiraient des senteurs épaisses et enivrantes.
Cette exubérance de la nature,

Sa végétation et ses effluves à fleur de peau
M'emmenèrent dans un transport sensuel,
Une excitation électrique.

La terre m'appelait. Nu, sur elle,
Voluptueusement je m'étendais,
« Heureux comme avec une femme. »

La sexualité sacrée

Puissance de la relation sexuelle en tant qu'expérience délivrant un aperçu de l'Unité à laquelle l'être humain aspire.
L'extase physique, avant-goût de l'extase mystique ;
L'union des corps et des cœurs,
prélude à l'union avec l'univers.

Une sexualité sacrée ?
Une sexualité présente.
Dans la relation sexuelle comme pour toute relation :
présence à soi, à l'autre et à la troisième force,
l'alchimie de la relation.

Présence à soi.
« Devenir sensible à ce qui est juste, […] coopérer avec les impulsions de l'essence plutôt qu'avec celles de la personnalité [de l'énergie brute] [18]. »
C'est en particulier le combat du masculin à mener avec « le dragon » : la maîtrise de l'énergie vitale. Le chef d'œuvre d'Ingres, *Roger délivrant Angélique*, en est une illustration : pour accéder au féminin, Roger doit d'abord combattre et terrasser le dragon.
Tant que le dragon en lui n'est pas terrassé et maîtrisé, l'homme n'est pas digne de la femme, l'homme subit le joug de ses pulsions bestiales et ne peut accéder à la plénitude du féminin, en lui comme à l'extérieur.

---

[18] J. G. Bennett, *Sexualité et développement spirituel,* Guy Trédaniel, 1992, p. 23.

La présence est le filtre et le guide. Elle permet d'être en contact avec les impulsions profondes, en deçà des pulsions et autres compensations. Peu à peu, il devient possible de percevoir quand un désir est « juste », présent, et quand il ne l'est pas.

En outre, la présence amplifie les sensations et permet d'être davantage relié à l'autre, de se situer davantage sur le plan du cœur.

« On ne voit bien qu'avec le cœur[19]. »

De même :

On, non, 'je' bande mieux avec le cœur.

En matière de sexualité, l'impur n'est pas ce que je fais, mais l'état dans lequel je le fais.

Enfance retrouvée

L'Enfance retrouvée dans la sexualité,
Pur amour, douceur infinie, sensibilité,
Ultime expression de la tendresse ;
Les amants tantriques : libres et en présence.

Cris, joies, peines, respirations, effusions de larmes, rires…!
Faire l'amour, se donner corps et âme ;
Le corps, secoué au plus profond,
Expulsant par tous ses canaux autant d'émotions enfouies,
Secousses énergétiques réveillant autant de canaux endormis.

---

[19] Saint-Exupéry, *Le petit prince.*

La voie de la présence et du corps-temple est ainsi une rampe pour transmuter l'énergie sexuelle et dépasser l'éternel retour de la sexualité pulsionnelle et obsessionnelle – esclavage s'il en est. Et plus je commence à *sentir* avec tout mon corps, tout mon cœur, plus j'accède à des sensations qui n'ont rien à envier à l'orgasme. Ou plutôt, qui sont orgasmiques sans être sexuelles.

Enfin, la transmutation de l'énergie sexuelle se fait aussi par la connaissance, l'énergie remontant alors vers l'esprit.

*   *   *

L'identification à la sexualité.
Identification typiquement mâle placée.
Une des racines de l'identification à sa personnalité, avec les errements qu'on sait.

L'autre identification majeure étant l'identification au mental.
Si la conscience utilise la sexualité comme le mental pour faire l'expérience du réel, elle n'est ni l'une ni l'autre.

La femme est plus identifiée au cœur. Ce qui peut poser le défi des sensibleries et de l'identification à la souffrance.
Au demeurant, le cœur a été célébré par les saints de toutes les traditions comme une passerelle pouvant mener à la totalité.

L'amour sera d'abord intérieur ou ne sera pas

Hiver

Ne restera-t-il que cette lumière
Qui se laissa entrevoir hier,
Lumière jaillie comme les éclairs
Déchirant des collines crépusculaires,

Ouvrant l'accès
Aux domaines réservés de l'Enfance,
À ses paradis rêvés, à sa pureté,
Et du bonheur sans mélange, offrant la fragrance.

La Danse partagée déjà expire,
Déjà tu deviens souvenir,
Et l'obscurité glaciale et les arbres décharnés
Comme un miroir au cœur délaissé.

Après l'éclair, la nuit.
Pourtant, à travers les bois noirs de la détresse,
Déjà l'aube nouvelle appelle et luit,
Et les grands arbres prodiguent leur tendresse.

Ô ma Terre, sur ton sein j'ai tant pleuré !
Mais ô ma Terre, de ton cœur tu ne m'as jamais privé.
Et s'il m'est arrivé de me croire abandonné,
À chaque fois, c'était moi qui m'abandonnais ;
À l'instant où je me tournais vers Toi
Ton abondante grâce était là, à jamais disponible !

Un silence sublime point.

C'est l'Heure, c'est la Vérité qui vient.

Silence dans lequel tout est dit, tout est achevé,

Les théories et les vaines euphories

Enfin réduites à l'état de poussière.

Ne subsistent que l'Essence et la Gloire,

Obscurité prégnante, lumineuse.

Dure nuit, c'est l'heure où vient le Voyant,

Toujours parfait, toujours juste :

« Vrai, j'ai trop pleuré ! Les aubes sont navrantes.

L'âcre amour m'a gonflé de torpeurs enivrantes.

Est-ce en ces nuits sans fond que tu dors et t'exiles,

Million d'oiseaux d'or, ô future Vigueur ?

Dure nuit ! Le sang séché fume sur ma face,

et je n'ai rien derrière moi, que cet horrible arbrisseau !...

Le combat spirituel est aussi brutal que la bataille d'hommes.

Cependant, c'est la veille. Recevons tous les influx de vigueur et de tendresse réelle. Et à l'aurore, armés d'une ardente patience, nous entrerons aux splendides villes.

Que parlais-je de main amie ! Un bel avantage, c'est que je puis rire des vieilles amours mensongères, et frapper de honte ces couples menteurs, et il me sera loisible de posséder la vérité dans une âme et un corps[20]. »

* * *

---

[20] Arthur Rimbaud, extraits du *Bateau ivre* et d'*Une saison en enfer*.

La relation amoureuse est une initiation spirituelle.
À l'amour en soi.
L'amour sera d'abord intérieur ou ne sera pas.

– J'ai besoin de toi.
– Non, tu as besoin de toi.

Les grands êtres sont grands par leur liberté, leur indépendance.
Chaque fois que je compte sur l'extérieur, sous une forme ou sous une autre, je m'affaiblis.

Fourvoiement de l'amour quand il conduit à se perdre dans l'autre.
« Le jour où une véritable affection te serait donnée, il n'y aurait pas d'opposition entre la solitude intérieure et l'amitié, au contraire. C'est même à ce signe que tu la reconnaîtras[21]. »
Arriver à l'autonomie.
Ce qui met en capacité de mieux donner, de donner à partir de « ce qui déborde ».

Rencontrer l'autre pour pouvoir libérer tout son potentiel ?
La rencontre Boris Pasternak - Olga Ivinskaïa enfante le *Dr Jivago*, celle de Marguerite Albana Mignaty et d'Édouard Schuré produit *Les Grands initiés*, Jack et Charmian London décuplent leur créativité tout comme Antoine et Consuelo de Saint-Exupéry… autant de couples mythiques.

---

[21] Simone Weil, *La pesanteur et la grâce*, Plon, 1988, p. 80.

Pourquoi pas, si la vie se présente ainsi. Mais ne pas compter là-dessus.

Accepter la perte. Condition de la liberté.
Toute perte extérieure est une trouvaille intérieure.
Une occasion de s'ouvrir à soi ainsi qu'aux autres et à toute la création, plutôt que de se crisper sur une forme en particulier.
Le fait est que je n'ai jamais aussi bien médité que lors des déceptions amoureuses.
Là, la source intérieure prend tout son sens, toute sa place.

Ressources : méditation, donc, mais aussi, amitiés, art, danse, nature, massage, prendre soin de soi…
Réintégrer, aussi : honorer en soi la lumière, les qualités perçues et projetées sur l'autre. Cela, c'est s'aimer.
Si je suis capable de percevoir ces qualités chez l'autre, c'est que je sais de quoi il s'agit.
Réintégrer : en faisant, par exemple, ce que je suis en train de faire comme si j'étais la personne admirée.
L'autre, occasion de prendre conscience de soi.

*   *   *

Ainsi, si une affection porte atteinte à mon propre soi,
ce n'est pas une bonne personne pour moi,
je ne suis pas au centre.
Rester au centre, n'agir qu'à partir du centre.
De toute façon, il n'y a pas d'amour vrai en dehors du centre.

Que des projections, engouements esclavagistes et autres fausses identifications.

Illusion de la forme, de la *maya*[22], puissant piège des projections...

Non. Le réel et la relation avant toute chose.

Et préserver toujours un espace en moi intègre et indépendant.

---

[22] Terme sanskrit évoquant « l'illusion des formes et de la matière ».

Nature II

Quand je quitte la ville et arrive au milieu de la nature, ce que je ressens, c'est de l'amour.
À l'inverse, lorsque je quitte la nature et reviens à la ville, je ressens comme un chagrin d'amour.
Cette perception se confirme de plus en plus : la nature, l'énergie à l'état naturel, dégage de l'amour.

« Par les soirs bleus d'été, j'irai dans les sentiers,
[…] L'amour infini me montera dans l'âme,
Et j'irai loin, bien loin, comme un bohémien,
Par la Nature, – heureux comme avec une femme[23]. »

Et qu'il est doux, quand on arrive de la ville, le silence de la nature :
on entend le silence.

La nature connecte au cœur.
S'imprégner de cette sensation, qui me touche profondément. La sentir et l'honorer en soi.
Car la béatitude est à l'intérieur.
L'extérieur n'est là que pour aider à prendre conscience du royaume intérieur[24].

---

[23] Rimbaud, *Sensation.*
[24] Cf. « Tout ce qui est à l'extérieur se retrouve intégralement à l'intérieur sous une forme subtile […]. Toutes les joies que vous pouvez éprouver se trouvent en vous dans leur pleine mesure » *Bhagawan Nityananda de Ganeshpuri*, par Swami Muktananda, Saraswati, 1996, p. 37-38.

*   *   *

Nostalgie des temps où le rythme était lent, les déplacements moins fréquents, plus longs... Le respect de la nature s'imposait.

Puisque désormais, en raison du progrès technique, la nature n'a plus les moyens d'imposer ce respect, c'est ma responsabilité de cultiver cette attitude et cette qualité de présence.

Nostalgie de la nature vierge.
La nature du premier regard, de la première empreinte, du premier passage.
La nature des grands grands arbres.

Là encore, il ne tient qu'à moi d'avoir cet œil neuf, de voir avec les yeux émerveillés de l'enfance qui regardent pour la première fois. Alors chaque jour, je rencontre exotisme et nouveauté.

Rivière d'Éden

Au fond d'une vallée immaculée
Où la végétation chaleureuse et dense
Bruit de mille chants légers,
La Siagne entre les rochers danse

Ô Rivière, Mère Nature, Éden charmant,
Ton eau est une suave liqueur
Qui étanche le corps et le cœur

Jamais eau ne fut aussi douce !
Laissant l'épiderme satiné
Et le cœur gratifié

Ta terre aussi est amoureuse :
Hors de l'eau heureuse
Sur tes rochers exquis
S'étend le corps réjoui

Tu n'es qu'accueil, bonheur et volupté.

Orage d'été

Dans la moiteur estivale, l'orage a éclaté.
Somptueux. Puissant. Abondant.
L'air est électrique. L'excitation aussi.
Courir à travers les bois.
Sentir l'eau du ciel et les feuillages mouillés balayer le corps avec volupté.
Sentir sur la peau les gouttes ruisseler.
Et se tourner vers les cieux qui se déversent sans répit, céleste cascade.

Pas une âme complice pourtant à l'horizon.
Tout le monde « adore courir sous la pluie » sauf quand c'est le moment !
Quelques promeneurs furtifs dévisagent l'impétrant comme un zombie ou avec envie.
Pourquoi est-il si interdit de jouir ? Pourquoi se priver d'un tel délice ?
« Ne comprends-tu pas que le moindre oiseau qui fend l'air est un immense monde de délices fermé par tes cinq sens [25] ? »

---

[25] William Blake, *Le mariage du Ciel et de l'Enfer*, traduit par André Gide, José Corti, 1989, p. 18.

Salvatrices montagnes

Du haut plateau, la profondeur de l'espace
Se déployait à l'infini dans la vallée,
Spatialité lumineuse au temps suspendu.

Plus bas, les masses verdoyantes étendues vers le ciel,
Dont les innombrables conifères formaient un doux pelage,
Reposaient telles de grands fauves assoupis
Que d'une main géante, l'envie venait de caresser.

Au milieu des bois, au doux parfum des sapins exhalé,
Le Silence régnait.
Des arbres puissants irradiaient sève et vitalité.

Un lac appelait à rejoindre son eau ondoyante ;
Du fond, quelques plantes évanescentes
Venaient lécher la surface complice,

Transperçant le corps de délices
Dans une caresse indécente,
Intimant de s'abandonner à la Matrice.

La nuit, à flanc de montagne,
Le sentiment était divinement maternel,
La sensation d'être porté et enveloppé puissamment.
Le sommeil était Abandon,
Et le cœur, apaisé.

Divin ?

Divin ?
Quand la satisfaction et la plénitude sont totales.
Le sentiment d'infini, aussi.
Quand il y a sentiment de toucher un absolu.

Dieu ?
La vie. Immanente et transcendante.
Dont acte.

La relation : 1 + 1 = 3

Plutôt qu'un compagnon ou une compagne, chercher *une relation,* dans laquelle je peux prendre soin de moi, de l'autre… et de la relation. 1 + 1 = 3.

Les cinq critères de la relation juste donnés par Swami Prajnanpad [26] rejoignent les investigations des psychologues :
– Aisance ; facilité de la relation.
La vie est faite en majeure partie du quotidien.
– Amitié & meilleur-e ami-e.
– Pas trop différents ; plus de similitudes que de différences.
Conjonction des besoins, des désirs, des valeurs.
C'est la « direction commune » de Saint-Exupéry.
« Aimer ce n'est pas avoir besoin de l'autre, c'est vivre ses besoins avec l'autre » dit le psychologue[27].
– Confiance totale.
– Et cerise sur le gâteau : l'envie de rendre l'autre heureux.

* * *

La relation à l'autre est un grand yoga, reconnu par les maîtres indiens. Un disciple vint ainsi voir son maître, un jour, et lui dit :

---

[26] In Arnaud Desjardins, *Pour une vie réussie, un amour réussi*, La Table Ronde - Pocket, 1985.
[27] Dr Étienne Jalenques, *op. cit.*

– Ça y est maître, j'ai fait tout ce que vous avez indiqué.

– Très bien, répond le maître. Maintenant, tombe amoureux et marie-toi.

Le frottement des egos accule au travail sur soi et à la conscience. Ou à la séparation.

Le soi ou conscience contient le moi et l'autre.

L'autre, occasion de prendre conscience du soi.

La seule issue de l'amour, c'est le tout

La seule issue de l'amour, c'est le tout.
C'est seulement en s'adressant au tout que le romantisme
se parachève. Que la soif d'amour infini peut s'étancher.
La seule issue du romantisme, c'est le mysticisme.
Un mysticisme bien réel, qui honore toutes les formes.

Ainsi, des grands romantiques sont parfois des mystiques
qui s'ignorent. La société elle-même, mystique qui
s'ignore encore.

L'ouverture pour l'être aimé a vocation à s'étendre à la
création, à la vie.
« "Lara !" chuchota-t-il, les yeux à demi fermés.
Et ce murmure s'adressait à toute sa vie, à toute la terre,
à tout l'espace qui s'étendait devant lui, illuminé par le
soleil[28]. »
 « Le rayon m'a fait signe ; mon désir m'est le plus sûr
des guides et je suis amoureux de tout, ce matin[29]. »

L'amour est une expérience d'unité.
Une expérience de l'Un.
Percevoir cet Un en tout, honorer cet Un en tout.
Voilà un chemin vers l'Amour.

Le « tout » inclut bien sûr le moi.
Long chemin que d'apprendre à s'aimer.

---

[28] Boris Pasternak, *op. cit.,* p. 442.
[29] André Gide, *op. cit.*, p. 172.

S'accepter pleinement, d'abord. Ensuite, être attentif à soi, sentir ce qui est juste pour soi et y être fidèle. « J'honore mon propre soi », pilier du shivaïsme, essence du grand mantra[30] *Om namah shivaya.*

Ainsi, l'amour sera *intérieur et universel*, ou ne sera pas.

---

[30] Mantra : mot ou expression qui, répété, permet d'apaiser le mental, et peut mener à l'illumination.

Amour et conscience

Il n'y a pas d'amour sans conscience : la présence, l'attention, le respect sont de l'amour, et de haute qualité. C'est pourquoi le poète dit : « Le travail est de l'amour rendu visible[31]. »

Il n'y a pas non plus de conscience sans amour : pas de présence qui vaille si « le cœur n'y est pas ».
À l'inverse, plus je prends à cœur ce que je fais, plus je peux être présent, me donner « à fond ».

---

[31] Khalil Gibran, *Le prophète*, Albin Michel, 1990, p. 49.

Communion

Tu reconnaîtras l'être aimé
À la qualité du silence en sa présence,
À son ampleur et à sa radiance.

Tantra.
Assis, face à face,
Étreinte subtile et infinie,
Le monde nous ouvre son ventre
Les cœurs s'embrasent
La lumière fuse et inonde l'univers.

Grâce

Tout ce dont ils avaient rêvé de plus doux et de plus puissant
Dans l'amour, s'accomplissait à présent

Du contact des deux corps et des deux cœurs
Fusaient le parfum de l'indicible, le souffle du bonheur

Une puissance formidable les traversait,
La poitrine, le ventre, tout leur être,
Les reliait à l'infini,

Et faisait de chaque être, chaque chose
Le miroir d'une lumière qui s'épanchait
En un doux sourire et une grâce infinie.

III

Éléments d'une
spiritualité laïque

La beauté

« La beauté, elle, est unique. Le problème avec les spiritualités, c'est qu'elles sont multiples » a dit Malraux.
Le « problème » contient à vrai dire en lui-même la solution : la beauté étant unique, une spiritualité universelle est possible.

Faire des sens « les éléments d'une nouvelle spiritualité dont la caractéristique dominante serait un instinct raffiné de la beauté », proposait déjà Oscar Wilde[32].
« Un instinct raffiné » : conscientisé.
« De la beauté » : porte de la béatitude.
Conscience et béatitude.

La conscience et la béatitude sont des fondements universellement partagés.
À ce titre, elles peuvent constituer les piliers d'une spiritualité laïque et universelle.

---

[32] O. Wilde, *The Picture of Dorian Gray*, Penguin Classics, 1949, p. 161.

Le pivot

Né en France, d'origine arménienne, à 17 ans, je ne me sentais ni pleinement français, ni arménien. Je cherchais un point d'ancrage universel, qui transcende la dimension de la nationalité. Découvrant avide la Déclaration universelle des droits humains, j'y lisais :

« Les êtres humains sont doués de raison et de conscience » (article 1).

Mais quid du corps et du cœur ?

De surcroît, la conscience n'était pas définie.

C'était décevant et en tout état de cause inachevé.

Les catégories abstraites et figurées de la trinité chrétienne Père - Fils - Saint Esprit ne m'aidaient guère. Certes, l'Évangile insistait sur l'amour, élément tangible, et valorisait « l'Esprit », mais là encore, ce dernier n'était pas clairement défini.

Les recherches auprès des philosophes occidentaux s'avérèrent fastidieuses : marquées par une forte abstraction, les approches étaient difficilement exploitables.

C'est dans le Vedanta et le shivaïsme du Cachemire que j'ai trouvé une réponse :

« Être - conscience - béatitude[33]. »

---

[33] En sanskrit *sat - chit - ananda*. Les trois éléments sont présents dans les upanishads védiques, le composé étant lui attribué à Shankara (VIIIᵉ siècle).
Le shivaïsme du Cachemire se focalise lui essentiellement sur la conscience et la béatitude.

Telle est, d'après ces deux approches, la nature de l'absolu (*brahman*) et de l'âme humaine (*atman*), la seconde ayant vocation à se fondre dans la première, une fois l'ego défait.

C'est d'ailleurs un élément clé de l'hindouisme : l'être humain n'est pas différent de l'univers, il est constitué des mêmes éléments, il peut donc se fondre dans le tout. La science a désormais confirmé ce que les *rishis*, les « voyants » des Védas avaient perçu plusieurs siècles avant l'ère chrétienne.

Voyons plus précisément les trois éléments de ce composé :

La conscience est entendue comme présence, perception[34] (ou cognition).
Je prends conscience = je perçois = je suis.

Dans cette perspective, la pensée n'est pas la conscience mais seulement une option de la conscience.
La conscience est libre de pensées.
Elle est la perception pure.

Cette approche de la conscience en tant que perception ou présence, mise en avant par le Vedanta et le shivaïsme du Cachemire[35] ainsi que dans le bouddhisme, se retrouve également dans la psychologie occidentale contempo-

---

[34] Ce « par quoi la pensée a été pensée, […] ce par quoi les regards voient […], ce par quoi l'ouïe ici est entendue » (*Kena Upanishad,* I.5-7 ; *Isha, Katha et Kena Upanishad*, Maisonneuve, 1986).
[35] Cf. Vasugupta : « Il ne déserte jamais sa propre nature de sujet qui perçoit » (*Spandakarika, op. cit.*, stance 3).

raine [36] ainsi que chez des poètes occidentaux comme William Blake ou André Gide.

Un aspect remarquable de cette conscience est sa permanence dans le temps et dans l'espace.

En effet, si la perception peut évoluer, s'améliorer, le principe reste identique dans le temps : celui ou celle (ou « Cela ») qui perçoit à 5 ans est le même à 30 ou à 50 ans. Chacun peut en faire l'expérience.

Ce Percevant atemporel rejoint le Constant du taoïsme, l'Éternel du judéo-christianisme.

Ainsi, on a ici un principe commun à tous les êtres humains, invariant dans le temps.

Il est, par ailleurs, également invariant dans l'espace.

La conscience-perception apparaît donc être un élément invariant de l'être humain, un fondement universel de son identité.

S'agissant des deux autres éléments du composé :

L'être.

La perception « Je suis » rejoint en fait « Je perçois, je prends conscience ».

Celui qui perçoit est aussi celui qui est.

Être et conscience sont unis à la source.

---

[36] Chez C. G. Jung, Fritz Perls (notion d'*awareness*), Dr É. Jalenques, dans la psychologie transpersonnelle...

La béatitude, quant à elle, est la qualité de l'énergie. Elle recouvre les énergies de plaisir, d'amour, de joie et de paix.

Elle est « la boussole », le soutien et le guide. La béatitude ressentie est le point de repère.

Est-ce que c'est bon pour moi ? Cela part du corps et du cœur : quelles sont mes sensations physiques ?

« Tu reconnaîtras la vérité de ton chemin à ce qu'il te rend heureux » (trait attribué à Aristote).

Conscience et béatitude sont indissolublement liées, à l'image du yin et du yang, et constituent « le centre » de l'être humain.

Toute expérience consciente est source de béatitude. Il n'est pas de conscience qui vaille qui ne soit béatitude.

De même, il n'est pas de béatitude durable qui ne soit consciente.

Ainsi, le composé « être - conscience - béatitude » forme un tout. – Les théologiens parleraient de consubstantialité.

En tant qu'impersonnel, animant le moi comme l'autre, ce composé est souvent appelé « le soi ».

Conscience : corps, cœur, esprit

Malgré la clarté apportée par le composé être - conscience - béatitude, il restait à placer le corps, le cœur et l'esprit. Et là, je ne trouvais pas de réponse, auprès des maîtres indiens, qui me satisfasse.

Pendant un temps, j'ai considéré que la conscience s'apparentait à l'esprit, et la béatitude, au cœur. Mais quid du corps alors ?

La perception est pourtant bien effective au niveau du corps : les sensations.

Comme elle est l'est au niveau du cœur : sentiments et émotions.

Et de l'esprit, où elle se manifeste comme cognition.

Tel est le point commun entre le corps, le cœur et l'esprit : la perception !

Ceci va dans le sens des découvertes scientifiques récentes qui, en plus du cerveau, mettent en évidence la présence d'un grand nombre de neurones dans le cœur ainsi que dans le ventre. Et que nous n'avons donc pas un mais trois cerveaux.

D'après les maîtres du Vedanta, du shivaïsme du Cachemire et de nombreux courants bouddhistes, la conscience est perception pure. Ainsi, si elle anime l'esprit en tant que cognition, elle se situe aussi au-delà des pensées, dans la perception pure, sans commentaire ni jugement[37].

De même, la conscience-perception est au-delà des émotions ainsi que des sensations : elle peut en rester témoin, comme un acteur reste séparé de la scène qu'il joue[38].

Conclusion : immanence et transcendance !

Immanence : la conscience-perception existe aux trois niveaux – corps, cœur, esprit –, à travers lesquels elle expérimente le réel dans ses différentes facettes.

Transcendance : en même temps, la conscience conserve une forme d'indépendance par rapport au corps, au cœur et à l'esprit ; comme une actrice, elle peut se désidentifier à tout moment d'une situation, elle reste libre de n'importe quelle émotion, sensation ou pensée.

C'est en particulier sur ce dernier aspect, l'indépendance de la perception pure par rapport à la pensée, le fait de ne plus réduire la conscience à la pensée, que l'apport des maîtres orientaux est capital. Car cela ouvre l'horizon d'une libération par rapport à l'esclavage du mental.

La conscience-perception a donc trois modes d'expérimentation (corps, cœur, esprit), tout en en demeurant indépendante.

La béatitude (plaisir, amour, joie, paix) est également présente aux trois niveaux, et constitue un repère sur la qualité de l'expérience.

---

[37] Cf. Chögyam Trungpa : « Percevoir c'est sagesse, en penser quoi que ce soit, c'est tourner dans le *samsara* [le monde illusoire de la forme] » (in *Folle Sagesse*, Seuil – Points Sagesses, 1993, p. 184).

[38] « Le soi [ou conscience] est acteur. » (*Shiva-Sûtra* III.9, *op. cit.*).

Cela m'a pris plusieurs années pour appréhender toute la portée du composé « être - conscience – béatitude », le faire mien, et arriver à cette synthèse. Cela fait à présent plus de dix ans que je la teste et reteste, et mon expérience est que ça marche, et que ce composé constitue donc un point de repère universel pour l'être humain, quelle que soit sa nationalité ou sa religion d'origine.

*   *   *

Enfin, si je prends les trois grandes obsessions de l'être humain, j'observe qu'elles sont liées à ces trois pôles énergétiques :
- l'amour ;
- le sexe ;
- l'activité mentale.
Seule la conscience-présence est capable de réguler ces trois énergies et de les canaliser dans une béatitude durable.
Sans la conscience, ces trois énergies mènent l'être humain au mieux à la stagnation, au pire à l'autodestruction.

La clé de l'unité dans la diversité

Conscience-perception et béatitude constituent un dénominateur commun à tous les êtres humains, soit des éléments universels de l'identité humaine.

Telle m'apparaît être la clé de l'unité dans la diversité et de la multi-culture, défi qui me tient à cœur en tant que Français d'origine arménienne.

Ce défi touche non seulement les Français issus de l'immigration mais également issus des populations autochtones historiques : Bretons, Corses, Gascons, Basques, Alsaciens… La culture régionale, la langue, notamment, a en effet passablement souffert du souci d'unité républicaine et de l'assimilation qui en a découlé. La France, d'ailleurs, n'a pas ratifié la Charte européenne des langues régionales.

Ce défi de l'unité dans la diversité et de la multiculture s'est par ailleurs aujourd'hui généralisé avec le brassage issu de la mondialisation. En effet, sans point d'ancrage universel, ce brassage et le métissage qui en résulte déstabilisent les repères traditionnels et suscitent des replis identitaires (nationaux, religieux ou autres).

Conscience et béatitude offrent un point d'ancrage qui, c'est mon expérience, permet de passer du *ou* au *et* : je me sens aujourd'hui français *et* arménien ; je me sens également indien et à certains égards, turc.

Certes, la double voire la multiculture demande un certain travail sur soi, un ancrage dans l'universel, de l'ouverture, de la souplesse. C'est moins facile que de se réduire à une identité. Mais quelle richesse !

La grandeur d'un être humain comme d'un pays vient de sa capacité à accueillir le plus grand nombre de différences, tout en faisant un.
D'où la nécessité du socle commun, du moyeu au centre de la roue.
Si je suis établi au centre de la roue, je peux aller sur tous les rayons.
Si je m'identifié à un rayon, je me coupe l'accès à tous les autres.

Conscience et béatitude apparaissent également être un dénominateur commun aux différentes religions et spiritualités, un tronc dont celles-ci seraient les différentes branches.

Yoga = religion = spiritualité = bonheur

L'essence de la religion (du latin *religare* « relier, unir[39] »), du yoga (du sanskrit *yuj* « atteler, joindre, relier, unir ») et du bonheur est en fait identique : se relier.

La question est : se relier à quoi ?
À soi, pour commencer. Corps, cœur et esprit.
Ce n'est toutefois qu'un premier stade de reliance, sauf à se limiter à un individualisme égocentré.
Le yoga, comme la religion et le bonheur, ne se parachève que dans une connexion à la totalité[40].
Ce qui demande de se relier non seulement à soi mais aussi à l'autre et à la création.

S'agissant de la spiritualité, son étymologie renvoie à une approche un peu différente : de *spirare*, en latin, « souffler, respirer, vivre ».
Mais dans son essence, cela n'est en rien contradictoire avec la religion, le yoga et le bonheur : le souffle est non seulement le support intangible de la vie en nous mais il est précisément un moyen reconnu dans toutes les traditions spirituelles pour se connecter à soi et à la vie.

Ainsi, le bonheur comme la réalisation spirituelle est unité.
Unité avec soi-même, incluant le corps, le cœur et l'esprit.

---

[39] Cette étymologie fait débat ; une autre racine mise en avant est *relegere* « recueillir, rassembler ».
[40] Cf. Carl Gustav Jung : « Il ne s'agit pas d'atteindre la perfection mais la totalité. »

Unité avec l'autre et avec la création.

Ce besoin de connexion et d'unité est une aspiration fondamentale et universelle de l'être humain.
Cette connexion se fait essentiellement par la conscience-perception.

S'agissant de la connexion avec la totalité, la science physique en confirme aujourd'hui la possibilité. En effet, d'après elle : la matière est une illusion[41], tout est énergie, tout est vibration. Les formes ne sont donc pas séparées ; tout est en résonance.
Il est donc possible de communier non seulement avec soi mais aussi avec l'autre et avec la création.

Le principal obstacle à cette communion est l'ego ou identification à la personnalité.
Ce degré d'identification à la personnalité détermine en effet le degré de séparation entre intérieur et extérieur, cause fondamentale de la souffrance humaine.

Dans l'état de parachèvement de l'unité, l'ego ou séparation entre intérieur et extérieur disparaît[42].
Chacun peut d'ores et déjà faire une expérience ponctuelle de cet état, par exemple : en contemplant un paysage

---

[41] Les sages indiens de l'Antiquité avaient déjà eu cette perception en méditation et appelé ce phénomène la *maya*, en sanskrit « l'illusion des formes et de la matière ». Platon en avait également eu une intuition, décrite dans le mythe de la caverne.
[42] Cf. « Lorsque vous ferez le deux Un et l'intérieur comme l'extérieur », *L'Évangile de Thomas*, Traduit et commenté par Jean-Yves Leloup, Albin Michel, 1986, p. 94.

magnifique, lors de retrouvailles avec un être cher, en dégustant un mets délicieux, à l'écoute d'une musique qui nous touche profondément, dans l'ivresse et l'extase de la danse, d'un sport, de la relation sexuelle...

La sainteté ou réalisation spirituelle ou plus simplement le bonheur réside dans cette absence d'ego et l'état d'unité qui s'ensuit.

Désacraliser le sacré, sacraliser le réel

Tout peut être abordé en conscience : avec attention, respect.

C'est l'attitude, la conscience qui détermine le sacré *in fine*.

Désacraliser le sacré : remettre le sacré à sa place, c'est-à-dire omniprésente. Sacraliser le réel. Car tout est digne de conscience. Tout est sacré. « Ceci et cela » dit le shivaïsme[43].

Même le moyen – l'eau avec laquelle je me lave, la nourriture que je mange… – **peut être respecté, traité comme une fin en soi.**

Et c'est mon intérêt : meilleure est mon attitude, meilleure sera mon expérience. « Vous serez une part de la saveur du fruit » disait René Char.

Sacraliser le réel. Point décisif pour la question écologique.

« L'homme comme maître et possesseur de la nature[44] » ?

Non.

L'être humain, disciple et communiant avec la nature.

« Disciple » : à l'écoute et attentif à la nature. Là, la communion peut se faire.

L'abolition de la séparation entre le spirituel et le matériel est non seulement possible, mais nécessaire et en marche.

---

[43] Formule proposée par Ma Ananda Mayi (*L'enseignement de Mâ Ananda Moyî*, Albin Michel, 1998, p. 135) en écho à la formule shivaïte « ceci est Shiva, cela aussi est Shiva ».
[44] Descartes, *Le discours de la méthode*.

Fondements d'une spiritualité laïque

1) Une spiritualité laïque est une spiritualité élaborée en conscience, sans dogme, ni croyance.

Et qu'est-ce qu'une spiritualité ?

Comme nous l'avons vu, l'essence de la religion, du yoga, de la spiritualité et du bonheur est commune : c'est de se relier à soi (corps, cœur, esprit), à l'autre et à la création. *In fine*, à la totalité.

Une spiritualité est donc un ensemble de moyens pour se relier à soi, à l'autre et à la création.

Elle sera dite laïque lorsque ces moyens ont été identifiés en conscience.

Une spiritualité laïque s'inscrit ainsi dans l'inspiration des Lumières, synthétisée par Kant comme : « Aie le courage de te servir de ton propre entendement » ; de penser par toi-même.

2) Les deux piliers : conscience-perception et béatitude.

La conscience-perception anime le corps (les cinq sens), le cœur (émotions, sentiments) et l'esprit (cognition).

C'est cette perception qui me permet de **situer mon bien-être**, discerner ce qui est bon pour moi et ce qui ne l'est pas.

Tel est le point de repère : la béatitude ressentie.

La béatitude recouvre les énergies de plaisir, d'amour, de joie et de paix.

Elle est déjà toute dans la moindre sensation d'ouverture et d'expansion dans le corps.

C'est aussi par la conscience et la béatitude que je me relie aux autres et à la création.

Elles constituent en fait les deux **piliers d'une démarche spirituelle de type scientifique : expérimentation et observation.**

Une démarche qui fait donc appel à une pleine **responsabilisation**[45], soit au **maître intérieur.**

3) Le terrain de jeu est la totalité ; pas de distinction profane / sacré.

Une spiritualité laïque ne peut se situer que dans une inclusion de la totalité du réel, une ouverture à 360 degrés.

Sans séparation entre le matériel et le spirituel.

Une spiritualité laïque aborde tous les aspects du réel en conscience.

Tel est le marqueur du sacré : l'attitude ; en l'occurrence, la conscience, et le respect et l'attention que celle-ci génère.

La conscience est la pierre philosophale qui permet la transmutation de la violence.

4) Ceci conduit le maître intérieur à être secondé par **le maître extérieur que constitue le réel, la Vie.**

Au-delà de la vie dans son immanquable dimension d'apprentissage, la science nous permet aujourd'hui d'aller plus loin et de lui reconnaître une dimension de « miroir ». Les *rishis* (« voyants ») ou sages indiens le dirent dès

---

[45] Cf. « Faire reposer sur [l'homme] la responsabilité totale de son existence » Jean-Paul Sartre, *L'existentialisme est un humanisme*, Nagel, 1970, p. 24.

l'Antiquité, les chamanes animistes l'ont exprimé de tout temps, la physique l'a désormais démontré : tout est énergie, tout est vibration, interconnecté et en résonance.

Aussi, il y a une dimension de « miroir » du réel, de l'extérieur comme reflet de l'intérieur. « Tout parle » dit le poète[46]. A commencer par notre corps (et ses éventuels symptômes). Le conjoint, les proches, les collègues, l'autre en général, ainsi que les situations rencontrées sont d'autres reflets de ce miroir. **Le réel fournit retours et indications sur nos expériences.**

Telle est aussi la forme de **la transcendance** que nous pouvons accueillir dans le cadre d'une spiritualité laïque : **la Vie** ; une force qui me dépasse et avec laquelle, plus j'entre en résonance et m'aligne, meilleure est… ma vie.

* * *

Dans cette perspective, le Vedanta, le shivaïsme et le bouddhisme tantriques ainsi que les différents yogas sont, à mon sens, des approches spirituelles laïques. Certes, dans les textes, la vision cosmique, les références à des symboles ou à des déités peuvent brouiller le réalisme du message.

Mais sur le fond, les repères proposés sont concrets : être - conscience - béatitude, expérience et observation, responsabilisation…

C'est dans ces traditions que j'ai perçu les fondements d'une spiritualité laïque.

---

[46] Victor Hugo, *Les Contemplations – Au bord de l'infini*, XXVI.

Dans la pratique, ces éléments sont voisins de l'approche proposée aujourd'hui par Eckhart Tolle (*Le pouvoir du moment présent*) ainsi que de la Pleine conscience du bouddhiste Thich Naht Hanh[47], reprise dans une approche plus clinique par le Pr Jon Kabat-Zinn.

Ces éléments rejoignent également les perceptions de différents poètes et philosophes occidentaux ainsi que de psychologues contemporains, comme nous l'avons vu.

*   *   *

La spiritualité sera laïque ou ne sera pas. Élaborée en conscience et embrassant la totalité.

Et la laïcité sera spirituelle ou ne sera pas.
Car en l'absence de sens, de perspective autre que le matérialisme, la laïcité s'essouffle.

---

[47] Thich Naht Hanh, *Le miracle de la pleine conscience*, L'Espace bleu, 1996.

Yogas

C'est un des points forts de l'hindouisme comme du bouddhisme : proposer des pratiques concrètes pour être plus en harmonie avec soi-même et mieux vivre le moment présent. Dans l'hindouisme, ce sont notamment les principaux yogas : le yoga de la connaissance, le yoga du cœur, et le yoga de l'action.

Le yoga de la connaissance (*jnana yoga*) ou yoga de l'esprit vise essentiellement à apprendre à discerner le réel de l'illusoire, le permanent de l'impermanent, à se défaire de l'identification au corps et à la personnalité.
Il a recours à la pratique de la méditation, les techniques sont nombreuses, relevons les méditations axées sur « Je suis » et « Je ne suis rien ».
L'étude et la contemplation des textes sacrés sont un autre aspect de ce yoga.

Le yoga de la dévotion (*bhakti yoga*) ou yoga du cœur rejoint, quant à lui, le yoga du Christ. Il comporte plusieurs aspects que nous avons déjà abordés. La pratique centrale est de cultiver un amour qui soit à la fois inconditionnel, à savoir nourri de l'intérieur et non dépendant d'une source extérieure ; et universel : accueillant toutes les formes et même toutes les situations. Méditation « Je suis tout ». Travail d'une vie s'il en est !
La pratique du chant favorise l'ouverture du cœur et constitue un autre aspect de ce yoga.

Mentionnons aussi le travail essentiel avec les émotions : accepter de les sentir et de les vivre.

La rencontre de son propre cœur est au centre de la voie.

Enfin, troisième yoga majeur, le yoga de l'action ou *karma yoga* consiste notamment à ne pas se prendre pour l'auteur de l'action ni à s'attacher à ses résultats ; accomplir l'action plutôt comme un acteur qui joue un rôle (il le vit pleinement mais en conserve son identité séparée). Être à la fois dans l'action et hors de l'action.

Le bénévolat ou service désintéressé, par exemple, est à la fois un yoga de l'action (détachement) et un yoga du cœur, en ce qu'il puise dans la dévotion et la générosité.

Le *hatha yoga* ou yoga du corps, le plus connu en Occident, vient plutôt en soutien des trois autres. Il s'agit essentiellement d'avoir une pratique corporelle présente. Le travail de postures en présence en est la plus simple expression. Courir ou nager en restant présent à soi, à sa respiration et à ses sensations, en sont d'autres.

Nombre de traditions spirituelles ont recours, en fait, à une pratique corporelle consciente en support de la voie :

- Au sein de l'hindouisme, hormis le yoga, le shivaïsme tantrique pratique, entre autres, la danse spontanée extrêmement lente, *Tandava* ou danse de Shiva. Cette forme de méditation en mouvement rappelle le Buto ou le Tai chi, à la différence avec ce dernier qu'elle est spontanée et que les mouvements sont libres[48].

---

[48] Présentation par Daniel Odier in *L'incendie du cœur, un chant tantrique*, Editions du Relié, 2004, p. 18-19.

- Outre le Tai chi, relevons également le Chi kong dans le taoïsme.

- La danse en tant qu'expression libre et authentique par le mouvement est présente dans les traditions chamaniques.

- Le soufisme a recours à de nombreuses pratiques corporelles, dont la *sama* ou danse des derviches tourneurs.

On pourrait encore citer les 108 salutations effectuées en présence et autres techniques de certains courants bouddhistes.

Les approches corporelles ne sont en revanche pas mises en avant dans le christianisme.

En Occident, l'enjeu de la reconnexion au corps et de ce yoga sont importants. En France en particulier, la survalorisation du mental et de la technologie a fait beaucoup de dégâts. L'approche de la conscience que nous proposons permet de changer ce paradigme néfaste : sortir de la toute-puissance (et de l'esclavage) de la pensée cartésienne et réintégrer le corps ainsi que les émotions.

La conscience : dans le monde mais non du monde

La conscience a une double nature : yin / yang, shakti / shiva, féminin / masculin, immanente et transcendante :

– Immanente. Dans le monde.
La conscience ou présence permet de fonctionner dans le monde, d'être efficace, approprié.
C'est l'aspect Terre. La dimension horizontale.
La conscience, c'est le réalisme. – Grand vainqueur des idéologies du XXᵉ siècle.

– Transcendante. Non du monde.
La conscience ne s'identifie à rien. Elle est libre de toute convention, de toute contrainte.
C'est l'aspect Ciel. La dimension verticale.
C'est la liberté. Le rire, aussi.

Immanence et transcendance. Horizontalité et verticalité : la croix chrétienne, l'étoile de David, symbole existant également dans l'hindouisme, dénommé Shatkona.
« Dans le monde mais non du monde[49] » : être au fait des réalités et engagé, et en même temps, non-identifié et gardant du recul. On retrouve « l'acteur » des *Shiva-Sûtra*.

Être du Ciel, c'est assez facile : être léger, détaché, déconnecté...

---

[49] Jésus-Christ (Jean, 17.14-16).

Être de la Terre, c'est sommes toutes aussi assez simple : identifié et investi dans l'action, le pouvoir…

Être de la Terre et du Ciel, voilà la difficulté, le défi humain, la synthèse à réaliser.

C'était déjà la quête de la chevalerie.

Les maîtres indiens résument ce double aspect de la conscience ainsi :

« Ceci et cela », et « Ni ceci, ni cela[50] ».

« Ceci et cela. »

C'est la voie du cœur. Je suis tout. Tout est énergie.

Ouverture à 360 degrés.

Amour inconditionnel et universel.

« Ni ceci, ni cela. »

C'est la voie de l'esprit. Je ne suis rien, s'en tenir au pur « Je suis ».

Renoncer à toute identification.

Rester établi dans la source, dans la pure perception ou présence ; sans commentaire.

Le sage Sri Nisargadatta Maharaj a magnifiquement résumé ces deux voies :

« Quand je vois que je ne suis rien, c'est la sagesse.

Quand je vois que je suis tout, c'est l'amour.

Et entre les deux, ma vie s'écoule[51]. »

---

[50] Déclaration majeure du Vedanta ; *Brhad-âranyaka-upanishad*, Belles Lettres, 1967, II.3.6, III.9.26.

[51] Cf. Sri Nisargadatta Maharaj, *Je suis*, Les Deux Océans, 1982.

En quelques lignes, voilà résumées des milliers de pages d'Écritures sacrées et de quoi cheminer toute une vie.

Perfection de l'advaïta Vedanta et du shivaïsme du Cachemire.

La mort, initiation spirituelle

La mort m'initie à l'enseignement fondamental :
« Je ne suis rien. »
Ce corps n'est rien sans la conscience vibrante qui
l'anime.

« Où que votre vie finisse, elle y est toute[52]. »
Suis-je prêt à mourir ? Qu'ai-je envie d'avoir accompli ou
atteint, extérieurement et / ou intérieurement, au jour de
ma mort ?
Cela clarifié, il est possible de vivre pleinement, et le
moment venu, de mourir en paix.
Réussir sa vie, c'est réussir sa mort.

La mort physique étant, par ailleurs, un moment privilégié
pour faire l'expérience de la pleine conscience.

* * *

Aux enterrements règne, parfois, une belle qualité
vibratoire.
Les gens sont enfin calmés.
Puis, à la sortie de l'église, l'écume refait surface.

* * *

---

[52] Montaigne, *Essais - Livre 1*, XX.

Cris du cœur au cimetière.

« Diana, 6 ans » : l'inscription sur la croix posée sur la pierre crie ces quelques mots à la face du ciel. À côté, gravés dans le marbre noir, en 1938 : une corde à sauter joliment dessinée, une pelle et un seau, des patins à roulettes…

« À notre Annette chérie ». Une photo d'une belle jeune femme, gaie et souriante, décédée à vingt-deux ans.

Dans ce « notre », toute la tendresse des parents, frères et sœurs à l'unisson.

Épitaphes qui concentrent l'émotion d'une vie, cris ultimes qui veulent résonner pour l'éternité.

Quel drame encore derrière cette disparition prématurée ?

Drames qui pourfendent sans pitié notre identification à la matière et à la personnalité.

Et rappellent le miracle de l'existence et sa fragilité.

Lettres gravées en rouge garance : « POUR TOI, FRANCE ».

Deux garçons dans la fleur de l'âge tombés au champ d'honneur à l'été 1918. Les circonstances sont précisées, témoignant de la douleur des parents, morts plusieurs décennies plus tard, et des deux autres enfants, heureusement saufs.

Souffrance transfigurée dans l'offrande, « POUR TOI, FRANCE », entité vivante.

Sacrifices formant un inconscient collectif, donnant une âme à la Nation.

Shoah

Conscientiser la shoah fait partie des à-pics rencontrés sur le chemin spirituel.

Prendre connaissance des témoignages de Filip Müller (enregistré par Claude Lanzmann) ou Primo Levi a été de fait, pour moi, une expérience spirituelle. Tant ces êtres sont dans l'essentiel, épurés, dépouillés de tout artifice. Leur parole est pure et vibrante.

Faire face à la terrible vérité que les deux figures de cette tragédie me sont effroyablement familières :
- Le SS dans la brutalité absolue et la toute-puissance.
- Le juif persécuté et en proie à d'atroces souffrances.
Deux facettes de l'humanité et de l'humaine psyché.

Logique de l'identification et de la dualité poussée à son extrême.
À laquelle on peut opposer la conscience et la non-identification. Celles-ci permettent de transpercer le voile de la forme et de la dualité. Ainsi que de conserver son espace intérieur indépendant des circonstances extérieures. Etty Hillesum en a témoigné[53]. Si tu peux garder la foi quand tout le monde doutera...
Gageure de percevoir dans cet enfer « le jeu de la conscience[54] », le jeu de rôle de la personnalité. Roberto Begnini y est parvenu. Autre héros. *La vie est belle.*

---

[53] Etty Hillesum, *Une vie bouleversée*, Seuil – Points, 1995.
[54] Enseignement du shivaïsme du Cachemire.

« Je sais qu'il faut pour tresser ma couronne mystique, imposer tous les temps et tous les univers[55] » : tous les rôles.

En tout état de cause, l'humanité – une part au moins – semble avoir besoin de passer par la barbarie pour prendre conscience de la conscience.

Pour apprendre à être libre, apprendre à situer son bien-être et à en prendre la responsabilité.

L'apprentissage de la liberté, éternelle réponse à la question du mal.

Vigilance quant aux identifications aux rôles. Qui peut dire avec certitude : dans les mêmes circonstances, avec le même conditionnement, j'aurai agi différemment ?

Cela n'excuse ni ne déresponsabilise en rien les « bourreaux passifs ». Il y a eu des Justes qui se sont opposés au péril de leur vie au courant dominant.

Toutefois, il est utile de se poser cette question car cela permet de limiter les identifications, de pouvoir prendre ainsi de la distance au plan émotionnel, et d'arriver à un niveau de conscience qui englobe le bourreau et la victime. Et à partir de là, de pouvoir mieux apprécier les responsabilités, la justice et les réparations appropriées.

*   *   *

---

[55] Baudelaire, *Bénédiction*.

Arriver à « Etty Hillesum » sans la Shoah.

Arriver à cette profondeur, à la désidentification du jeu de rôle de la personnalité et à l'ouverture inconditionnelle du cœur sans contrainte extérieure. Par le seul travail sur soi.

Arriver à Etty Hillesum en contexte de Shoah, c'est extraordinaire et admirable.

Y parvenir sans la moindre contrainte extérieure, par l'unique travail sur soi, c'est absolu.

Conscience et non-identification
-
Vers la fluidité du moi

Toute identification au corps ou à la matière (nom, métier, sexe, âge, position sociale, succès / échec...) me limite.
Dès que j'ajoute quelque chose à « Je suis », je me réduis.

Exemple d'identification : l'âge.
La conscience pourtant est atemporelle et se situe au-delà de toute catégorie d'âge.
« Je » n'a pas d'âge.
Être soi-même. Présent. C'est tout !

La non-identification est inconfortable : ne pas se fixer sur une identité (nom, métier...) mais garder pour point d'ancrage « Je suis » ou la conscience-perception, sans commentaire ou jugement.
Quel potentiel alors libéré ! En particulier, pouvoir assumer la multiplicité du moi, passer d'une facette à l'autre comme un acteur change de rôle.
Ainsi, j'ai un corps d'homme mais j'ai aussi une femme et un enfant en moi. Je suis homme, femme et enfant.
Se couper d'une de ces facettes, c'est se couper d'autant d'énergies et de ressources.

La fluidité du moi.
Assumer et jouer avec les différentes polarités, les différents rôles.

Pouvoir enchaîner une séquence philosophique avec un épanchement poétique, tels deux perles sur le fil de la présence.

La fluidité est spatialité.
La totale mobilité du moi.

Je est le moi, l'autre, et la création

« Je est un autre » a dit Rimbaud.

Oui. Pas le petit moi identifié à son mental et à son corps.

Mais alors, quelle est la vraie nature du « Je » s'il n'est pas la personnalité ?

Je est la conscience impersonnelle et universelle.

Les artistes, évoquant le processus de création, font presque tous allégeance à cette force impersonnelle et omniprésente.

De fait, quand je suis présent, tout résonne, parle, suggère.

*   *   *

Tout ce que vous faites aux autres, « c'est à moi que vous le faites » avertissait le Christ.

In fine, c'est à vous que vous le faites.

Tout ce que je fais au monde, c'est d'abord à moi que je le fais.

Il suffit d'être attentif à son état intérieur pour s'en rendre compte.

*   *   *

L'autre, occasion de prendre conscience de soi.

Désir de l'autre : désir de découverte, d'expansion, de totalité ; désir du soi.

Dans toutes ses formes, la création est en fait une occasion de prendre conscience du soi.

« Je est un autre » ?
Oui.
Je est le moi, l'autre, et la création.
La conscience ne se réalise que dans l'intégration du moi, de l'autre et de la création.
Dès que j'exclus l'une de ces trois dimensions, je me coupe de la conscience. La conscience n'exclut rien ni personne. Elle ne se réalise que dans un rapport à la totalité. Elle est à la fois partout et nulle part.

Toute entreprise culturelle ou spirituelle qui n'inclut pas la totalité est vouée à l'épée.
Toute identification suscite son contraire. La dualité engendre la dualité.
Les branches de l'arbre sont multiples mais toutes prennent racine dans le tronc commun.
Sans ancrage dans un tronc commun a-identitaire et universel, toute entreprise culturelle ou spirituelle est vouée au conflit.

Quid du monstre ?
Qu'une hors-normité demandant à être conscientisée.
Passer du monstre à l'é-normité, du mythe à la conscience ; « énormité devenant norme, absorbée par tous[56]. »
La conscientisation et l'intégration du monstre font partie du chemin vers la totalité.

---

[56] Rimbaud, *Lettres dites « du Voyant »*.

*   *   *

L'autre à la fin, c'est le même : le soi, la conscience.
Tel est l'Identique. L'Identité.

La volonté : le oui sacré à la vie ou l'obéissance

L'être humain peut devenir libre à condition de se soumettre à la vie, à la conscience.

Tel est le « oui sacré » à la vie de l'enfant qu'évoquait Nietzsche : quand l'esprit passe du « Je veux » à « Cela veut ».

Le shivaïsme tantrique ne dit pas autre chose : « Ayant fermement pris pour appui ce *spanda* [la réalité vibrante ou conscience], on s'y établit, résolu à faire nécessairement tout ce qu'il dictera[57]. »

Tel est le maître.

Toute action est vaine tant qu'elle ne prend pas pour ancrage ce principe.

« Fais ceci maintenant, cela plus tard… ». Obéir.

L'obéissance ou le non-faire : être un canal, un instrument dans les mains de la vie.

Essence de la discipline : non une règle extérieure mais une obéissance intérieure.

« Ta volonté, pas la mienne » disait le Christ à Gethsémani.

De même, dans la *Bhagavad Gîtâ*, sur le champ de bataille, le guerrier Arjuna dit au Seigneur Krishna : « Je ferai ton commandement. »

Quant à la religion musulmane, elle a choisi pour se définir le mot *islam,* en arabe « soumission [à la volonté de Dieu] », pour honorer cette dimension.

---

[57] *Spandakarika, op. cit.,* stance 23.

Krishna, Jésus, Muhammad… même combat.

Étrange paradoxe que la volonté comme la liberté se parachèvent dans l'obéissance.

* * *

Là où il y a de la discipline, il n'est plus besoin d'autorité. Là où la loi intérieure existe, il n'est plus besoin de règle extérieure.

Les possibilités de lâcher-prise sont proportionnelles au degré de discipline.
Dans tous les arts, y compris martiaux, c'est seulement quand la technique est maîtrisée que le lâcher-prise peut intervenir.
Sans ancrage, le lâcher-prise mène au chaos.
Sans la Terre, le Ciel est vain.

L'être humain, point de jonction entre Terre et Ciel, entre maîtrise et lâcher-prise, obéissance et liberté.

L'action juste ultime :
« Sois heureux sans nuire à personne »

Le *dharma* est une notion essentielle de l'hindouisme que l'Occident gagnerait à intégrer. Cette notion est exposée notamment dans la *Bhagavad Gîtâ.*

Le *dharma,* c'est « l'action qui m'incombe[58] », l'action qui me rend heureux.

Si cette action n'est pas claire pour moi, je n'ai qu'à suivre mon rêve. Ou me poser la question fondamentale : si la question de l'argent était réglée, que ferais-je de mes journées ?

Plus globalement, le *dharma* signifie la justesse, l'harmonie, l'équilibre. À la fois le *kosmos* et le *kairos* grecs. Faire ce que j'ai à faire, au moment où j'ai à le faire. *Être à sa place.* Exemple de la nature.

La vision d'une personne à sa place est agréable : sensation d'ajustement et d'harmonie.

Pouvoir être pleinement ordinaire, à savoir « bien », à sa place, est à vrai dire extraordinaire.

Lorsque je suis ainsi posé, la réalité devient une danse, une forme de magie apparaît : des synchronicités se produisent, des occasions aussi.

---

[58] *La Bhagavad Gîtâ*, traduit du sanskrit par Anne-Marie Esnoul et Olivier Lacombe, Seuil Points Sagesses, 1976, VI.1.

*   *   *

Être à sa place ou en mesure de proposer assez sûrement une place à un enfant : n'y a-t-il pas là un préalable à l'expérience d'avoir des enfants ?

La maîtrise de la natalité : une des plus grandes victoires de la dite civilisation occidentale, et une priorité pour les pays en développement. Car tant que la démographie progresse, elle implique autant de croissance économique et d'agitation à l'extérieur : alimentation, logements, écoles…

*   *   *

Le plus beau cadeau que l'on puisse faire à l'autre ?
La qualité de notre attention[59].
Au monde ?
Le cadeau de notre état intérieur.

Le plus grand commandement, le plus haut dharma ?
« Sois heureux[60]. » Sans nuire à personne ni à la création[61].

---

[59] Cf. Dr Richard Moss https://richardmoss.com/fr/les-fondations-de-lenseignement/.

[60] Injonction classique des maîtres indiens, cf. Swami Prajnanpad in A. Desjardins, *Pour une vie réussie, un amour réussi*, op. cit., p. 16 ; que l'on peut mettre en perspective par exemple avec « Ne distingue pas Dieu du bonheur », A. Gide, *Les nourritures terrestres*, op. cit., p. 29.

[61] Le principe de non-nuisance, *ahimsa* en sanskrit (souvent traduit par non-violence), apparaît dès les upanishad védiques (IXᵉ - Vᵉ siècle avant J.-C.). En Occident, on le retrouve par exemple chez Chamfort :

Voilà d'autres points de repère d'une spiritualité laïque, et autant de points de régénération des Lumières.

« Jouis et fais jouir, sans faire de mal ni à toi, ni à personne, voilà je crois, toute la morale. »
La non-nuisance constitue la première des cinq règles sociales fondamentales (*yama*) hindoues, les quatre autres en découlent :
la vérité, le non-vol, la maîtrise de l'énergie sexuelle, la non-accumulation (pas de possession qui ne soit pas indispensable).

Poursuivre le rêve

« Je perçois » = « je suis ».
Celui qui perçoit est aussi celui qui est.

Ainsi, si je perçois une qualité à l'extérieur, c'est que celle-ci existe aussi en moi.
Cf. Pascal : « Tu ne me chercherais pas si tu ne m'avais [déjà] trouvé[62]. »
Si je rêve de quelque chose, c'est que cela existe en moi.
C'est pourquoi les grands êtres encouragent chacun à poursuivre son rêve, et là où il le mène.

---

[62] Pascal, *Pensées,* édition Brunschvieg, 553.

Le guru ou principe de la conscience

Guru : ces syllabes ont été perçues par les sages indiens de l'Antiquité en méditation profonde et reconnues comme pouvant servir de mantra.

À voir la connotation prise par le mot en Occident, c'est peu dire que le mantra a été galvaudé, sa haute vibration, dépréciée. Employer un terme à mauvais escient conduit à le brader et à le dévitaliser ; cf. la recommandation de Moïse : « Tu ne jureras point ».

Guru.
Du sanskrit *gu* « l'obscurité » et *ru* « qui écarte »[63].
Le principe du *guru* est le principe de la conscience,
qui nous guide de l'obscurité vers la lumière.
Qui nous envoie des défis pour nous éprouver et nous faire progresser.
C'est la vie, si tant est qu'on lui prête quelque attention.
La vie, « le plus grand des gurus[64] ».

Le guru se tient derrière les grands comme les petits moments de la vie. Peu à peu, apprendre à percevoir la marque du guru dans les événements, ses appels du pied, les messages envoyés.

Tantôt il agit sous une forme joyeuse, taquine, comme un tour qu'il joue. Tantôt de manière tonique, sévère même. D'autres fois encore, d'une manière douce, voire consolatrice.

---

[63] Etymologie contestée.
[64] Eckhart Tolle, *Le pouvoir du moment présent*, Ariane, 2000, p. *xxiii*.

Il dégage la sensation d'être toujours juste. Tel un principe immuable, toujours sous-jacent.

Un credo ?

-

Devises d'une spiritualité laïque

Un credo ?
Je crois, car j'en fais l'expérience,
à la conscience en tant que perception,
et à la béatitude, comme soutien et comme point de repère.

1) La conscience-perception est, en son principe, impersonnelle et universelle, permanente dans le temps et dans l'espace.
Elle permet d'être en contact avec soi (corps, cœur, esprit) ainsi qu'avec l'autre et la création.

« Aie le courage de te servir de ton propre entendement » ?
Plus seulement. Il est temps de ne plus réduire l'être humain à la raison et au cerveau gauche, funeste approche.
Aie le courage de t'ouvrir à ta perception, corps, cœur, esprit.
Voici une nouvelle devise des Lumières, et une première devise d'une spiritualité laïque.

2) Le bonheur est unité.
Unité avec soi-même et unité avec l'extérieur (l'autre et la création).
La conscience-perception et la béatitude sont des moyens privilégiés de cette connexion.

Aussi :

Présent à toi-même, présent au monde, communie.

Voilà une deuxième devise d'une spiritualité laïque.

3) La matière est une illusion.

Tout est énergie, tout est vibration ;

Rien n'est séparé, tout est en résonance.

Chacun est donc responsable pour tous. Et tous sont responsables pour chacun.

Voici un troisième repère.

4) Le bonheur durable s'appuie sur l'intérieur :

Le paradis est là où je me trouve.

La source ultime est à l'intérieur.

Chaque fois que je dépends de l'extérieur, je m'affaiblis.

D'où le grand affaiblissement de l'époque actuelle, avec notamment la décentration du cerveau dans le smartphone.

Pour développer la source intérieure, je peux méditer avec la compréhension :

Tout est déjà atteint ici et maintenant.

Le point de départ et d'arrivée de toute action est la méditation ; l'être, la conscience-présence.

Voilà un quatrième repère d'une spiritualité laïque.

Une profession de foi universelle ?

Le fanatisme religieux a fait des millions de morts et continue de sévir aujourd'hui. Je considère qu'il est temps que l'humanité se positionne sur la dimension de la transcendance, à savoir :

Pour les responsables religieux, le Parlement mondial des religions en particulier, les dévots et toutes celles et ceux que cela inspire, s'engager sur une reconnaissance commune :
« Il n'y a de divinité que Dieu, l'Un sans forme, au-delà de toutes les formes, fondamentalement la Vie ; et Muhammad, Jésus, Moïse, Bouddha, Lao-tseu, Krishna sont certains de ses prophètes parmi d'autres. »

Hommage aux Danses de la paix universelle®[65].
Manifeste du Temple universel.

Pour les Nations unies, s'engager sur une reconnaissance du type :
« S'agissant de l'existence d'une force transcendante au sein de l'univers, je reconnais la Vie, dont les formes sont multiples mais qui est Une, soutient toutes les formes et les relie entre elles[66]. »

---

[65] Danses chantées en cercle, célébrant les noms du divin de toutes les traditions spirituelles et reconnaissant l'unité au-delà de toutes ces formes. Cf. https://dancesofuniversalpeace.org.
[66] Retrouvez cette pétition sur www.Avaaz.org.

La conscience permet de faire un avec l'espace et le temps

La conscience (ou perception, présence) me relie à l'espace et au moment présent.

Einstein a mis en évidence que l'espace et le temps sont liés et forment un tout.
La conscience permet de faire un avec cet espace-temps, avec la totalité.

L'espace met en contact avec la dimension d'infini.
Le temps, avec l'éternité.
Infini et éternité : attributs de l'espace-temps, attributs de la conscience[67].
L'espace-temps est un reflet de la conscience, de la réalité intérieure.
L'espace-temps me permet de faire l'expérience de l'infini et de l'éternité.
La méditation permet de faire finalement cette expérience directement en soi, sans le support de l'espace-temps.

---

[67] Cf. Eckhart Tolle, *Le pouvoir du moment présent, op. cit.*, p. 134-135, et www.astronomes.com/la-fin-des-etoiles-massives/espace-masse-temps.

Arriver à l'inconnu

L'objet de la connaissance importe peu, à la fin.
C'est la cognition qui importe. Le Connaissant.
Cf. Lao-tseu : « Connaître, c'est ne pas connaître[68]. »
C'est « Arriver à l'inconnu » ajoute Rimbaud.
Arriver au Connaissant. À la Présence.
La fraîcheur et l'émerveillement sont alors continus.

Secret de cette expérience qui relève de l'indicible et que je ne peux faire que seul.

« Mystère » de la vie ?
Oui. Le mystère est inhérent à la nature même de la conscience. Il est sa magie, sa grâce. Vive le mystère !
Ce n'est jamais que le mental rationnel qui est frustré par le mystère.
Mais le mystère n'empêche pas de devenir de plus en plus réel.
Une fois établi dans le Connaissant, le mystère disparaît[69].
« Connaître, c'est ne pas connaître. »

*   *   *

Le connaissant ou conscience est perpétuel inconnu en mouvement.

---

[68] *Tao-tö king*, traduit par Liou Kia-hway, Gallimard, 1967, section 71.
[69] Cf. *Conscience et absolu*, Sri Nisargadatta, Les Deux Océans, 1997.

Ce qui équivaut exactement au principe d'incertitude mis en évidence par la physique quantique[70].

Les mystiques de toute tradition célèbrent cette co-naissance au monde perpétuelle comme présence et béatitude infinies.

Ainsi, à la grande question philosophique :
« Pourquoi y a-t-il quelque chose plutôt que rien ? » (Leibniz), je serais tenté de répondre :
- Qu'il n'y a pas de réponse rationnelle satisfaisante, la réponse se situant par nature au-delà du mental rationnel, dans la pure perception ou connaissance.
- Qu'une réponse rationnelle peut être :
« Parce que la conscience et la béatitude infinies. »
Ou : « Pour passer du fini à l'infini. Du partiel à la totalité. »
C'est le témoignage des grands êtres de toutes les traditions.
- Enfin et surtout, si je ne peux répondre rationnellement au pourquoi, *le comment,* le chemin, lui, est clair et tangible :
plus je deviens présent, en harmonie (corps, cœur, esprit, ainsi qu'à l'autre et à la création), plus je suis heureux et vivant.
Et sur ce repère, je peux m'appuyer à l'infini.
Ce repère résout la question du pourquoi.
Le comment résout le pourquoi.

---

[70] Le principe d'incertitude dit que le monde de l'infiniment petit n'agit pas d'une manière régulière et que par conséquent on ne peut y connaître les choses de manière certaine mais qu'à un degré de probabilité.

Carte mentale d'une spiritualité laïque

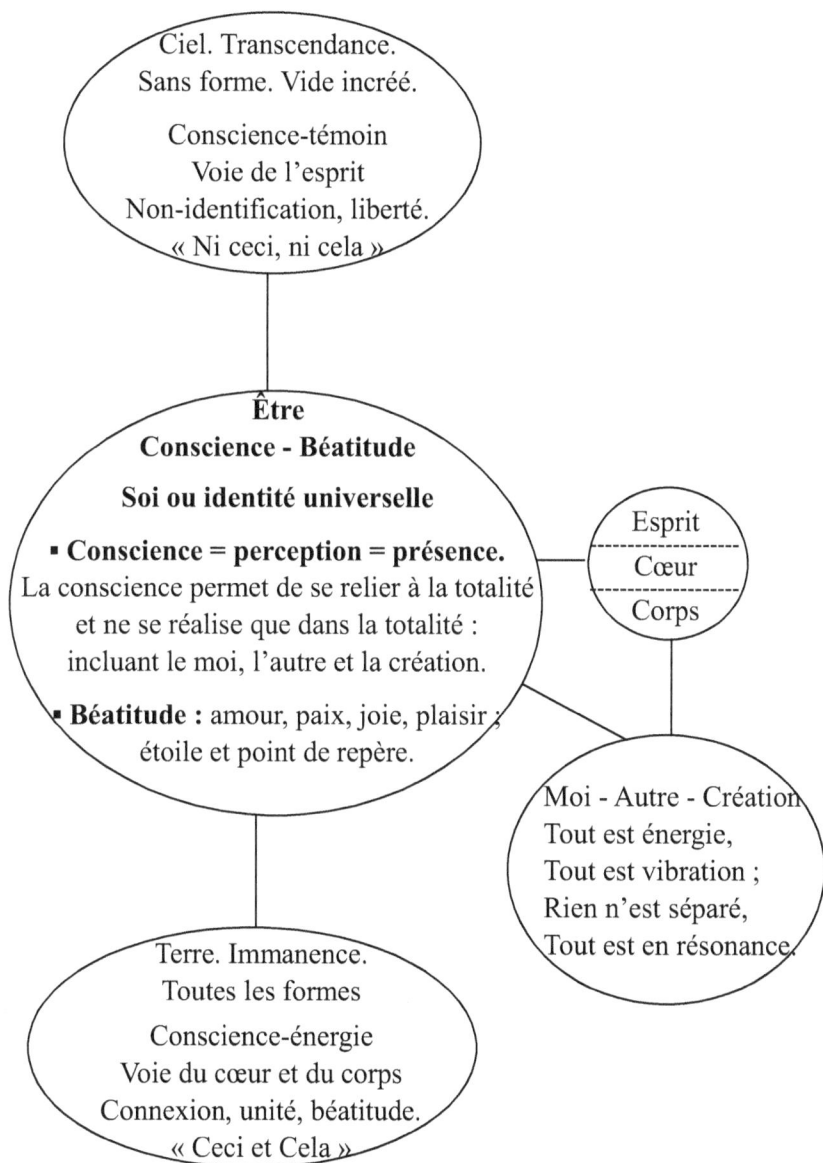

Ciel. Transcendance.
Sans forme. Vide incréé.

Conscience-témoin
Voie de l'esprit
Non-identification, liberté.
« Ni ceci, ni cela »

Être
Conscience - Béatitude

Soi ou identité universelle

• **Conscience = perception = présence.**
La conscience permet de se relier à la totalité
et ne se réalise que dans la totalité :
incluant le moi, l'autre et la création.

• **Béatitude :** amour, paix, joie, plaisir ;
étoile et point de repère.

Esprit

Cœur

Corps

Moi - Autre - Création
Tout est énergie,
Tout est vibration ;
Rien n'est séparé,
Tout est en résonance.

Terre. Immanence.
Toutes les formes

Conscience-énergie
Voie du cœur et du corps
Connexion, unité, béatitude.
« Ceci et Cela »

IV

La révolution
de la méditation

La nature adore le vide

Ivresse des grands espaces.
Ivresse du vide. De l'infini.
Plénitude du vide.

« La nature a horreur du vide[71] » ?

Non.

La nature adore le vide.

Mais les pieds sur terre.

Ainsi la mer, la montagne, le désert… méditations universellement partagées : autant de lieux où l'on peut goûter la béatitude de l'espace, du vide.
Plénitude de l'expérience d'infini et de totalité.

La science le dit aussi aujourd'hui :
la nature adore le vide ; elle en est constituée à plus de 99,99 %.

Parallèlement, la science a reconnu le caractère omniprésent de l'énergie.

---

[71] Aristote.

Omniprésence du vide. Omniprésence de l'énergie.
Vide et plénitude.
Deux faces d'une même réalité. Deux points de vue.
Le vide, une fois accepté, devient plénitude.

Ainsi, l'adage d'Aristote a vécu. Bien vécu même, peu de concepts de l'Antiquité ont été à vrai dire aussi populaires. Hommes d'action, mondains et autres étaient bien aise de cet alibi à la peur du vide et les diverses tentatives pour y échapper.

* * *

Respirer pleinement.

Respirer le monde.

Disparaître.
Plénitude et anéantissement.
Dissolution dans la totalité.
Je retrouve mon corps spatial. Ma nature spatiale.
« Le yogi considère le monde comme son propre corps[72].»
Accéder à la spatialité, c'est accéder à la totalité[73].

---

[72] *Shiva-Sûtra* (I. 14) ; d'après *Sivasûtra et Vimarsini* de Ksemaraja, traduction et introduction par Lilian Silburn, Collège de France, 2000.
[73] « Le brahman [l'absolu], c'est l'espace » *Isa Upanishad*, 17 in *Isha, Katha et Kena Upanishad, op. cit..*

Méditation et action

Au sens strict, la méditation, c'est la pratique de la posture assise[74], à savoir rester conscient ou *actif dans l'inaction*. Et dans l'action, la méditation c'est aussi rester conscient, ce qui permet de rester témoin, soit *inactif dans l'action*.

En d'autres termes, la méditation c'est :
- la mobilité dans l'immobilité ;
- l'immobilité dans la mobilité.
Et toute action accomplie en conscience est de la méditation.

La conscience a une double nature : statique et dynamique, *shiva / shakti*[75], *yin / yang* ; elle est à la fois l'énergie et le témoin.
Ce qui permet d'être dans l'action et hors de l'action, de se donner « à fond » tout en pouvant s'extraire de l'action à tout moment ; comme un acteur à l'égard d'une scène jouée. C'est un point clé du yoga de l'action ou *karma yoga*.
La conscience est une actrice, le monde en est la scène, l'incarnation, son jeu de rôle.

---

[74] Sur une chaise ou en tailleur, dos droit. Une technique de base, reconnue dans le bouddhisme comme l'hindouisme, consiste à simplement observer le va-et-vient du souffle, et / ou à rester présent à son corps. Quand des pensées surviennent, ne pas s'y attacher, les laisser passer comme des nuages qui passent dans le ciel (mais ne sont pas le ciel), et revenir au va-et-vient du souffle. 3-4 minutes de pratique par jour peuvent suffire.
[75] Shakti : terme sanskrit désignant l'énergie.

L'espace intérieur,
seul espace d'expansion infinie

L'être humain est porté par un besoin de communier : un besoin de totalité.

Pour tenter de le satisfaire, l'individu occidental accumule et accélère. Avec le chaos qui s'ensuit.

Accélérer pour communier ?

Accélérer à l'intérieur : accroître la présence, la qualité de l'attention, de la respiration... Pas l'agitation.

Quant à l'accumulation, non seulement elle suscite des logiques de prédation incompatibles avec le vivre-ensemble et les ressources limitées de la création, mais de toute façon, elle n'apporte pas la plénitude escomptée ; elle est prisonnière du « toujours plus ».

Seules la reliance et la connexion semblent à même d'apporter une satisfaction au besoin de totalité. L'expansion extérieure est ainsi vouée à être relayée par l'expansion intérieure.

L'espace intérieur est le seul espace d'expansion infinie. Le seul espace d'expansion durable.

La révolution de la méditation

Deux compréhensions erronées, inscrites au cœur de la société occidentale, bloquent son évolution et la maintiennent dans l'impasse de la fuite en avant matérialiste et destructrice de la nature.

Modifier ces compréhensions permettrait de sortir de cette impasse et de poser les fondements d'une civilisation durable.

Ces deux fourvoiements sont :

1) La réduction de la conscience à la pensée

Descartes : « Je pense donc je suis[76]. »
Non.
Je perçois = je prends conscience = je suis.
La conscience de la conscience ou la conscience de l'être revient au même.
Ce qui compte, c'est la prise de conscience.

L'inhumanité et le fourvoiement du *cogito* ont été dénoncés, par Sartre notamment : « Ce 'je pense donc je

---

[76] Des exégètes soutiennent qu'il s'agit là d'une mauvaise compréhension de Descartes, le « donc » étant supprimé dans *Les Méditations métaphysiques* : « Je suis, j'existe : cela est certain. » ; ce qui rejoint le « Je suis » du Vedanta. Mais Descartes revient au « donc » dans *Les principes de la philosophie…* Quoi qu'il en soit, bien que de plus en plus dénoncé, le *cogito* s'est inscrit dans le sens commun en tant que « Je pense donc je suis ».

suis' qui m'a tant fait souffrir – car plus je pensais et moins il me semblait être[77]. »

De même, Gide « achoppe » sur le « donc » et remarque que « l'on peut bien être sans penser[78]. »

Mais l'approche du *cogito* reste toutefois encore bien ancrée dans l'inconscient collectif.

Pour cause, elle a été étayée par d'autres philosophes, comme Pascal, déclarant : « L'homme est un roseau, le plus faible de la nature, mais c'est un roseau pensant[79]. »

Là encore la conscience est réduite à la pensée.

Or, la conscience s'expérimente aussi sur les plans du cœur et du corps : c'est la conscience qui permet l'amour inconditionnel, par exemple, ou la maîtrise de l'énergie physique, ou encore toutes les formes de raffinement sensuel (art culinaire, art du toucher…).

« L'homme est un roseau pensant » ?

Non.

L'être humain est un roseau conscient.

La conscience-perception, c'est l'attention : je perçois. Sans commentaire ni jugement[80].

---

[77] J.-P. Sartre, *Le sursis*, Gallimard (Folio), 1972, p. 457.

[78] A. Gide, *op. cit.*, p. 199-200.

[79] *Pensées,* 231 (édition Sellier) ; ou encore : « Toute la dignité de l'homme est en la pensée. » (626 et 232).
Remarquons que la sacralisation de la pensée a des racines antérieures, Platon notamment et sa sacralisation du monde des Idées.

[80] Cf. la définition de la Pleine conscience donnée par le Pr Jon Kabat-Zinn : « état de conscience qui résulte du fait de porter son attention, intentionnellement, au moment présent, sans juger, sur l'expérience qui se déploie instant après instant. » (in *Mindfulness-based intervention in context : Past, present and future*, 2003 – *Clinical Psychology : Science and Practice*, 10, 145).

Et cette conscience-perception s'expérimente à travers le corps, le cœur et l'esprit.

Intégrer cette compréhension représente une révolution, un changement de centre de gravité, et c'est le premier aspect de la révolution de la méditation :
passer de la conscience-pensée (réduite au mental rationnel) à la conscience-perception, option corps, cœur ou esprit.
Outre libérer tout le potentiel du corps et du cœur, cela permet de lâcher le mental et de pouvoir ainsi moins subir ses agitations vaines. (En revenant simplement à la perception). Ce qui devient vital à l'heure où l'information nous inonde.

Le mental rationnel a été une étape essentielle de la conscience et du cheminement de l'humanité, et on peut lui rendre hommage.
À présent, la civilisation occidentale arrive au terme de ce stade d'évolution : nombre de gadgets produits sont de plus en plus inutiles ; la réduction du cycle de l'obsolescence, devenue l'obsession et le graal pour nombre d'industriels, se fait toujours plus au détriment de la nature ; enfin, les bénéfices de certaines innovations sont de plus en plus douteux : du transhumanisme à la domotique. Quelle est la vision ? Un être humain de plus en plus assisté, affaibli et techno-dépendant, et pour finir, allongé dans un lit entouré d'appareils et de télécommandes ?

Le nouveau stade d'évolution anthropologique repose essentiellement sur la reconnaissance d'un nouveau centre : la conscience-perception ou présence.

Celle-ci permet l'accès à une réalité vaste et riche en sensations et en émotions, et satisfait le besoin fondamental de connexion. Un besoin que les nouvelles technologies ne peuvent combler que de manière superficielle et éphémère.

En résumé, le premier aspect de la révolution de la méditation :
Aller au-delà de la pensée. Éprouver « Je perçois ». Sans commentaire ni jugement.

Le second fourvoiement est le suivant :

2) La supposée nécessité du divertissement

Pascal constate : « Le silence éternel de ces espaces infinis m'effraie. » Dès que l'être humain se tourne vers l'intérieur, c'est la détresse[81].

C'est notamment en raison du premier fourvoiement qu'il en est ainsi : le mental raconte de telles histoires…

Pascal déduit : tout le malheur de l'homme vient du fait qu'il ne peut pas rester tranquille dans une pièce et être heureux comme ça. D'où sa puissante inclination à se divertir, c'est-à-dire littéralement à se détourner de l'intérieur (en latin *divertere* « détourner »).

---

[81] *Pensées*, 233, et 168 : « Le malheur naturel de notre condition faible et mortelle, et si misérable que rien ne peut nous consoler lorsque nous y pensons de près. »

Pour lutter contre cette tendance, Pascal parie sur Dieu et se tourne vers le christianisme.

Le Vedanta et le shivaïsme, comme le bouddhisme, ont renversé cette équation depuis l'Antiquité :
tout le bonheur de l'être humain vient du fait qu'il accepte de tourner son attention vers l'intérieur, qu'il apprend à rester assis tranquillement et à être heureux comme ça.
La méditation ou une nouvelle politique de la chaise vide.
Au diapason de Voltaire : « Le paradis terrestre est là où je me trouve[82]. »
Ou de Kafka : « Il n'est pas nécessaire que tu sortes de chez toi. Reste assis à ta table de travail et écoute. N'écoute même pas, attends seulement. N'attends même pas, sois tout à fait silencieux et seul. Le monde va s'offrir à toi et jeter son masque, il ne peut pas faire autrement, il se tordra d'extase devant toi[83]. »
Éprouver ici et maintenant : tout est atteint[84].
Méditation fondamentale.
Clé d'un bonheur qui n'est pas tributaire de conditions extérieures mais qui s'appuie sur l'intérieur.

C'est le deuxième aspect et le cœur de la révolution de la méditation :
diriger l'attention non plus exclusivement vers l'extérieur mais aussi vers l'intérieur.
Accepter que cet espace, la conscience-présence, soit le point de départ et d'arrivée de toute action.

---

[82] In *Le mondain*.
[83] Frannz Kafka, *Les aphorismes de Zürau, Arcades Gallimard, 2010.*
[84] Cf. Swami Muktananda, *Méditez.* Saraswati, 1994.

La minute de silence.

Il ne s'agit en rien de nier l'extérieur, magnifique et nécessaire champ d'expérimentation.

Il s'agit de l'aborder différemment : non plus en prédateur mais en expérimentateur, en restant connecté à l'intérieur, à ce que l'expérience me fait.

Passer du divertissement à l'invertissement. Qui n'est pas l'introversion. Qui revient simplement à garder le contact avec soi.

La connexion à soi ouvre à une connexion authentique à l'autre et au monde.

Celui qui médite accède à la totalité.

La connexion avec l'intérieur est *la voie et le but.*

Le point de départ et d'arrivée de toute action, comme de toute civilisation, est la méditation ; l'être, la conscience-présence et la béatitude.

* * *

La méditation est presque aussi ancienne que la civilisation, elle puise dans la plus haute antiquité : on a retrouvé en Inde des sceaux ou des statuettes en posture de méditation remontant à environ 3 000 ans avant notre ère. De fait, la tradition indienne date la vie du grand être Krishna, l'enseignant de la *Bhagavad Gîtâ,* vers 3100 avant J.-C.

La civilisation semble émerger avec la méditation : à l'instant où l'être humain accepte de faire le retour sur lui-même. Ce qui entraîne la scission sujet-objet et par suite la capacité à transformer la réalité extérieure.

À présent, c'est la réalité intérieure qu'il incombe à l'être humain de transformer. La fuite en avant matérielle et technologique menace de destruction la planète, et cesser d'orienter l'attention vers l'extérieur, la tourner vers l'intérieur devient indispensable. La civilisation commence et finit avec la méditation.

Le jour où les peuples occidentaux et leurs responsables auront cette perception – juste cette perception –, la plus grande partie du chemin sera fait.

Au plan énergétique, c'est flagrant : l'équation énergétique mondiale actuelle peut se résumer, dans sa plus simple expression, à un excès de *yang* (d'extériorité) et un déficit de *yin* (d'intériorité, de ressenti). Tel est le déséquilibre et l'impasse du mode de développement actuel, et d'où la crise écologique qui en découle.
La méditation, le retour à la présence, est à même de rétablir cet équilibre.

L'enjeu de la méditation n'est ainsi plus seulement individuel, à savoir la quête d'épanouissement de quelques privilégiés. L'enjeu de la méditation est désormais collectif, il est d'entrer dans le champ politique. Car le destin de la cité est en cause.
Les minutes de silence républicaines sont une expression première de la méditation. Leur instauration régulière, au sein de l'école notamment, serait simple à mettre en place et constituerait un changement de paradigme moteur.

La première nation qui intégrera la méditation dans ses valeurs et son dessein collectif obtiendra un leadership décisif en termes de *smart power*. Le monde entier regardera vers elle car elle aura osé affronter le vide, qui a mis en échec les civilisations les unes après les autres.

Ses citoyens seront plus présents à eux-mêmes, ils auront une meilleure créativité comme un meilleur relationnel.

La France, qui est peut-être la nation à avoir le plus intériorisé les fourvoiements issus de Descartes et de Pascal (ils n'en sont pas responsables), est peut-être la nation la plus à même d'ouvrir cette révolution de la méditation et de l'offrir au monde.

La minute de silence.
Tout est dit.
Archétype de la méditation.
Fondement du temple universel laïc.
Point d'appui pour transformer le monde.
Une minute de silence par jour peut transformer le monde.

La pulsion d'expansion : du fini à l'infini

Tous les problèmes actuels peuvent être réduits à cela : une pulsion d'infini placée sur du fini ; la pulsion d'expansion placée sur l'extérieur.

L'échec de toutes les civilisations est venu de cette incapacité à *identifier un but réalisable à l'infini et pour tout le monde.*

Comment gérer la pulsion d'infini et de totalité ? Telle est la question.

On l'a vu : le terrain de jeu extérieur ne permet pas de satisfaire cette pulsion. Et surtout, la pérennité de l'écosystème est désormais en jeu : le monde entier ne peut pas vivre sur le mode de vie occidental.

Or, un espace infini réside également à l'intérieur.

Placer donc la pulsion d'expansion sur l'intérieur ; espace infini (la physique quantique l'a démontré), à peine encore exploré par l'être humain.

L'aventure intérieure, dernière grande aventure.

Seule aventure réalisable à l'infini et pour tout le monde.

La croissance ?

À l'intérieur, nouveau champ d'exploration et d'expansion : relationnel, artistique, culturel, festif…

L'espace intérieur est le seul espace d'expansion infinie.

Le transfert qui est fait en Occident sur le sport en général et le football en particulier, est un autre symptôme de cette pulsion d'infini placée sur du fini : sport et football sont investis d'une aura quasi-divine, métaphysique.

De fait, l'être humain est un être méta-physique, au sens littéral : par sa conscience, il a la faculté de transcender la matière. De l'observer d'un œil extérieur, de la transformer et de s'en affranchir. C'est ce qui fait de lui un être si singulier au sein de la création. Alors que tous les autres êtres vivants sont intégrés à la création, l'être humain est, lui, par nature, transcendant à la création.

C'est cette dimension qui fait que l'être humain n'est pas satisfait en vivant uniquement dans la création.

Immense vide de la nature sans la conscience, de la Terre sans le Ciel. Ce qui correspond au stade animal.

C'est pour cela que prendre pour seule directive « remettre l'humain et la nature au cœur de nos préoccupations » me paraît insuffisant. Cela revient à faire de l'humain et de la nature une fin en soi. Et proposer à l'être humain comme seul horizon une évolution harmonieuse dans la nature me paraît voué à l'échec.

En revanche, s'il y a présence, l'humain et la nature se retrouveront naturellement au centre et en harmonie. Mais c'est plus un résultat qu'un moyen.

La société occidentale est devenue matérialiste par défaut : n'ayant rien trouvé de mieux, elle a placé l'infini dans la matière ; avec l'impasse que l'on sait du modèle de développement actuel.

L'enjeu aujourd'hui est de remettre le métaphysique à sa place : non plus dans la matière mais dans la conscience-présence. Le seul endroit où il se soit jamais trouvé. Le seul endroit où se trouve cette « eau qui étanche toute soif ».

Par la présence, l'accès au monde est infini, à chaque seconde. « Toute sensation est d'une *présence* infinie[85]. » « Si les portes de la perception étaient purifiées, chaque chose apparaîtrait à l'homme telle qu'elle est, c'est-à-dire infinie[86]. »

Concrètement, reconnaître la valeur suprême de la conscience-présence, revient à reconnaître que le point de départ et d'arrivée de toute action, comme de toute civilisation, est la méditation ou conscience-présence.

*   *   *

Le concept de « sobriété heureuse » mis en avant par Pierre Rabhi est louable, cependant, l'être humain est par nature un être d'expansion et d'abondance. C'est pourquoi je doute de l'efficacité de la « sobriété heureuse » comme nouveau paradigme.

L'expression est à vrai dire révélatrice d'une approche qui voit à travers le seul prisme du recours à l'extérieur.

Je préfère parler d' « abondance heureuse », en me situant par rapport à l'intérieur : reliance, liens, dégustation, sensualité, volupté, ferveur, émotions…

La clé demeurant, à mes yeux, d'identifier un espace dans lequel l'être humain peut investir sa pulsion d'expansion, cette énergie phénoménale qui l'habite, sans nuire à l'autre ni au monde.

---

[85] André Gide, *op. cit.*
[86] William Blake, *op. cit.*

La sobriété ou l'abondance heureuse ne sont, là encore, pas tant le moyen que le résultat : ils découleront de la présence.

Idem pour le passage « de l'avoir à l'être ».

* * *

L'Eyjafjöll[87] et le nuage de plénitude

Tout le monde en parle mais peu l'ont vu,
Pourtant, les scientifiques l'affirment
Il est là, au-dessus de nous,
Entre deux et huit mille mètres
De Terre-Neuve à la Sibérie,
Avec l'Europe en épicentre.

Je ne l'ai pas vu mais, ce soir, je l'ai senti,
J'ai senti son amour nous envelopper,
Sa présence subtile, cendre sacrée, *vibhuti*[88] !
– Le pouvoir du guru, j'ai senti.

Génie d'une lampe venue d'Islande,
Souffle de Mère Nature, souffle infini,
Qui nous rappelle que toute technologie
Ne pèse guère face à quelque poussière.
L'homme, lui-même que poussière.

---

[87] Volcan islandais dont les poussières éruptives ont entraîné, au printemps 2010, une suspension du trafic aérien pendant plusieurs semaines.

[88] La *vibhuti* signifie en sanskrit « cendre sacrée », symbole de l'ego et des ombres brûlés et conscientisés.

Dans sa compassion, du soleil
Il ne nous a même pas privés.
Tout doucement, à l'oreille,
Il vient nous murmurer :

« Calme-toi, redescends,
Cesse toute cette agitation
Reviens à toi, reviens à Lui,
Reviens à Nous. »

Ô nuage, poussière d'étoiles, pitié douce !
Merci ! d'avoir suspendu un instant,
La folie des hommes – fuite effrénée, temps éreinté !
Ô délicieux moment, ô plénitude.

*　　*　　*

À la suite de cette expérience énergétique collective, j'ai rêvé de la création d'une Journée du Ciel. Oui, par le truchement d'un petit volcan, la nature a parlé à l'humanité. Quelques volutes de fumée ont suffi à clouer au sol les avions les plus évolués. Malgré les tracasseries et les désagréments causés, nombreux sont ceux qui ont ressenti la plénitude dégagée par ce nuage. En quelques heures, celui-ci a calmé et ramené tout le monde sur Terre.

Sachons reconnaître, accepter et honorer ce message de la nature. Comment ? En créant la Journée du Ciel.
Que le 14 avril soit désormais un jour sans trafic aérien !

Et puisque c'est l'Europe qui a initié la révolution industrielle, que l'Europe montre l'exemple[89].

---

[89] En recueillant un million de signatures, une pétition citoyenne peut être soumise à la Commission européenne pour proposition de loi.

La grâce du vide

« L'espace intérieur » : prendre l'intérieur pour point d'appui, rester présent à soi, à l'autre et à l'environnement.

La méditation est un des outils qui peut y aider.

« Le silence éternel de ces espaces infinis m'effraie » ?

Plonge dedans ! Crie, pleure, hurle… Tu n'en mourras pas. Ton ego peut-être un peu.

Accepte le vide et tu gagneras la plénitude disent taoïsme, bouddhisme, Vedanta, shivaïsme…

L'acceptation du vide est un point décisif. Elle se heurte aujourd'hui à la surpuissante machine à combler le vide qu'est Internet et au formidable leurre qu'elle constitue. Par son continuum dans le quotidien via le smartphone et ses interconnexions devenues permanentes (commentaires, *chats*, *likes*, statuts, photos, vidéos…), Internet paraît en effet réussir ce tour de force auquel aucun autre divertissement n'était jusque-là parvenu : donner l'illusion, à un certain point, que le vide a disparu.

C'est la puissance et la griserie d'Internet, c'est aussi son emballement et sa folie. Car en même temps qu'elle paraît faire disparaître le vide, cette e-agitation sape le champ de la perception et de sa plénitude.

Outil fantastique, Internet est aussi le poison. – Encore et toujours la question du dosage et de la régulation.

Ce faisant, Internet créé les conditions pour le triomphe de la méditation : en épuisant le mental, Internet prépare sa reddition. Tandis que les commentaires prolifèrent sur la toile, la méditation – qui se définit précisément par « l'absence de commentaire » – va offrir un espace de vacuité et de ressourcement de plus en plus indispensable. Elle mettra en évidence le contraste entre l'e-agitation et la plénitude de la présence.

L'e-agitation a éliminé tous les interstices, tous les petits moments de vide du quotidien. Moments pourtant indispensables, respiration pour l'esprit, qui a autant besoin de vide que de plein.

Le vide est indispensable à l'inspiration.
C'est par les interstices que la lumière passe.

Internet, reflet des possibilités intérieures

Le succès d'Internet et du smartphone témoigne de la formidable réponse qu'ils constituent au besoin de reliance de l'être humain. Les géants de l'Internet sont rétribués des milliards pour satisfaire ce besoin universel.

Pour autant, d'abord, cette interconnexion reste tributaire de la machine : plus de machine, plus de connexion, c'est la panique.

Ensuite, cette interconnexion se fait surtout à base de mots et d'images, essentiellement sur le plan mental. Soit une forme de communion très limitée. Elle nourrit par ailleurs une agitation fébrile et éphémère, et la toile devient ainsi une allégorie du mental comme « singe fou », tel que décrit par les sages.

La perception permet, elle, une communion immédiate et sur tous les plans – corps, cœur, esprit –, soit autrement plus vibrante. Il suffit d'arriver au cœur de la nature, des montagnes, de la forêt, de l'océan pour s'en rendre compte.

La pleine connexion, c'est *in fine* l'abolition de la séparation entre intérieur et extérieur. Et seule la perception directe permet cette abolition et cette unité.

L'interconnexion électronique est toutefois intéressante en ce qu'elle livre un reflet de la reliance et de l'unité, qui ont été célébrées par les mystiques de toutes les traditions.

Le Wi-fi, quant à lui, apporte une nouvelle confirmation, après la radio et la télévision, de la réalité des ondes, de la réalité du plan subtil ou plan vibratoire de la conscience. Le Wi-fi livre un reflet de ce que la conscience peut accomplir. Dès l'apparition de la TSF (télégraphie sans fil) d'ailleurs, les yogis n'y avaient vue que la manifestation technique de potentialités qu'ils connaissaient déjà depuis des millénaires[90].

À ce jour, les infrastructures, en fait, sont simplement en avance sur les superstructures (les consciences).

---

[90] Cf. Paramahansa Yogananda, *Autobiographie d'un Yogi*, Adyar, 1994, p. 161-162, 265.

Fin des technosciences
-
La perception retrouvée

Des études scientifiques récentes sont révélatrices de l'époque.

Une première explique que « l'air du métro parisien est pollué et qu'il ne fait pas bon y travailler » (!).

Une autre, que la prise de la pilule contraceptive n'est pas bonne pour la santé des femmes.

Enfin, un grand hebdomadaire titre : « Sommeil : les dernières découvertes de la science - Le sommeil est vital pour la santé, la concentration, la mémoire, et même la réussite. Un enjeu crucial pour notre époque[91] ! »

Bref… ces « études » révèlent surtout la perte de bon sens et de perceptions élémentaires, la dégénérescence qu'occasionnent les technosciences. La multiplication des applications pour smartphone participe de la même régression.

D'où la nécessité de démythifier cette technocratie et de revenir à l'humain et à la perception directe.

Internet a permis une fabuleuse circulation de l'information et la prise de conscience de l'unité planétaire, avancées décisives pour la civilisation.

Mais chemin faisant, est apparue cette dérive qui consiste à abandonner notre pouvoir aux technosciences et à en devenir esclave.

---

[91] Le Point, 28/09/2017.

Le remède ? Responsabilisation, discernement, discipline… afin de marquer la limite et de ne pas brader notre perception. Qui est au fondement de notre être, de notre vitalité et de notre présence au monde.

Talent, travail, célébrité - Extérieur et intérieur

Un talent ou don est juste un accès à l'énergie, à une pleine présence dans un art ou une activité.

Les *Yoga-Sûtra* reconnaissent que la pleine présence permet d'accéder à un pouvoir (*siddhi*) dans un domaine donné. – Les maîtres mettent toutefois en garde contre l'accès à certains types de pouvoirs, qui stimulent l'ego et sont toxiques au plan spirituel.

Un talent ou pouvoir facilite la vie et constitue une gratification pour la personnalité. Hindous et bouddhistes diront que c'est le fruit d'un bon karma.

Mais aucun talent ou pouvoir (hélas) ne permet de faire l'économie du travail intérieur, du travail sur l'ego.

Concilier travail intérieur et extérieur, la Terre et le Ciel, est un des défis proprement humains.

Le maintien d'un travail intérieur sublime l'action extérieure ; exemple type de Gandhi.

Parfois, la Vie ramène les êtres à l'intérieur par diverses sortes de symptômes, d'échecs voire de drames.

*   *   *

Le talent peut conduire à la célébrité, autre gratification. Celle-ci nourrit l'estime de soi et le sentiment d'appartenance, et peut ainsi renforcer la personnalité et libérer des capacités.

Mais là encore, cette gratification renforce l'ego et complique singulièrement le travail intérieur et spirituel.

Autre danger de la célébrité : la perte de contact avec ses besoins profonds, en raison de l'addiction au monde extérieur et à ses gratifications.
Hollywood a aussi montré que le manque d'adéquation entre le personnage public et la nature profonde de la personne pouvait mener à l'autodestruction, par désespoir ou pour briser la fausse image.

Enfin, alors que la vedette demeure tributaire du public et ne jouit qu'en sa présence,
le poète est indépendant et jouit à chaque seconde.

Du masculin au féminin

Le féminin représente les énergies liées à l'immanence, à la Terre : la partie « dans le monde », connectée, appropriée.
Le masculin représente les énergies liées à la transcendance, au Ciel : la partie « non du monde », déconnectée, libre.

Par exemple :
La beauté de la nature relève de l'immanence.
La beauté de l'art, de la transcendance.

Le masculin a besoin du féminin pour se relier à la création.
Le féminin a besoin du masculin pour s'en libérer.

L'homme est un orphelin, un exilé dans la création.
La femme y est reine : reliée à la création « par ses entrailles » comme disait Rilke.
Le masculin, en revanche, est davantage libre de la création et plus enclin à la transformer.

L'être humain s'est ainsi appuyé sur le masculin pour partir à la conquête de la création et pour la transformer ; dans un rapport de force, en s'appuyant sur la technique et la raison, soit des énergies essentiellement masculines.
La conquête extérieure fut ainsi principalement le fait du masculin.

Mais alors que la projection à l'extérieur montre de plus en plus ses limites, la prochaine étape du développement de l'humanité nous appelle à revenir au lien et à l'unité avec la création. Ce qui commence par retrouver le lien avec soi.

L'enjeu de la nouvelle étape est la conquête intérieure ; et pour cela, place au féminin. Il ne s'agit pas de « la fin des hommes » mais plutôt d'un recul des énergies du masculin (le faire, l'action, le mental, le fait d'être tourné vers l'extérieur, la dualité...), d'un rééquilibrage au profit du féminin, dont la nécessité se fait de plus en plus sentir : ressenti, empathie, sensualité, intériorité, communion, contemplation...

Vers l'androgynat énergétique

Animus et *anima*.

Animaux conscients.

En ce XXIe siècle, la femme intègre son masculin, l'homme, son féminin... c'est acquis.

Pas de préséance de l'un ou l'autre, simplement une complémentarité pour être pleinement humain.

La vie de l'être humain commence par le bébé et l'enfant, qui évoluent dans le ressenti.

Alors que la femme conserve plus facilement ce ressenti, l'homme tend à le perdre à l'adolescence lorsque la puissante énergie vitale jaillit et tend à prendre le dessus.

Or, sans le filtre du ressenti et de la conscience-présence, l'énergie vitale a produit toutes les folies de l'histoire. Et continue, dans diverses formes : du fanatisme à l'accaparement des richesses par quelques-uns.

L'homme sera pleinement humain quand il assumera son féminin. Quand il cessera de fonctionner « en force » et évoluera davantage dans le ressenti et la présence.

Tout homme qui a perdu la femme en lui est déconnecté de la vraie vie et voué à l'errance et à l'exil sur Terre. La mondialisation débridée, ultralibérale et inégalitaire en est un symptôme, pur produit du masculin.

Actuellement, la quête de parité pousse les femmes à devenir des hommes. L'inverse serait au moins autant nécessaire : pousser les hommes à devenir des femmes.

L'être humain évolue vers l'androgynat énergétique[92] :
un homme assumant son féminin, sa connexion avec lui-même, les autres et l'environnement ;
une femme assumant sa masculinité et libérant tout le potentiel de son énergie vitale.

La conscience permet de ne pas être identifié avec l'une ou l'autre des polarités et de pouvoir ainsi jouer avec à volonté.

Elle reste le centre, l'unité de l'être en deçà des polarités féminine ou masculine.
Le principe de la perception est-il sexué ?
Conscience et béatitude : en cela, qui est différent de qui ?
Unité de la conscience et de la béatitude par-delà la différence sexuelle.

---

[92] Cf. « Lorsque vous ferez du masculin et du féminin un Unique, afin que le masculin ne soit pas un mâle et le féminin ne soit pas une femelle » *L'Évangile de Thomas*, *op. cit.*, logion 22, p. 93 et 94.

Le politique et le citoyen

Le politique ne s'appartient plus guère, il se consacre au service public.
Comme dans l'état de guerre, où le destin individuel s'efface devant le destin collectif.

Ainsi, les responsables politiques sont presque condamnés à être des saints ou à ne pas être.
Être des saints à double titre : à une vie personnelle très réduite et à une intégrité sur le plan de l'éthique.

Quant aux saints, quoi qu'ils fassent, ils font toujours de la politique puisqu'ils contribuent à transformer le tissu humain.
Certains artistes ou thérapeutes aussi.

*   *   *

Comment améliorer le monde ?
En « s'améliorant soi-même à chaque instant[93]. »
Et « en incarnant le changement que l'on veut voir dans le monde[94]. »

---

[93] Sri Chinmoy, *Poèmes et aphorismes*.
[94] Gandhi.

Qu'est-ce que la république, la chose publique, à la fin ?

Qu'est-ce que « la chose publique », la chose commune ?
La conscience et la béatitude (le soi).

Et le dessein collectif ?
Un bonheur qui soit à la fois individuel, collectif et durable.
La réalisation de la conscience et de la béatitude, qui procède d'une unité avec soi-même (corps, cœur, esprit), avec l'autre et avec la création, permet un tel bonheur.

Ayant pour point d'ancrage l'intérieur, elle est la seule option identifiée à ce jour qui permette de canaliser à l'infini la pulsion d'expansion de l'être humain.

Manifeste de la société de réalisation du soi.

Méditation, fin de l'Histoire et paix perpétuelle

La méditation, c'est la fin de l'Histoire : fin de la projection de l'énergie à l'extérieur et des réactions en chaîne qui s'ensuivent, en un mot, l'Histoire.

La méditation, c'est la fin de la roue de la cause et de l'effet, et de l'éternel retour.

Quand je médite :

1) J'arrête de croire que le problème ou la solution sont à l'extérieur.

2) Je cesse de « faire » : la conscience-présence devient le fil conducteur et je ne fais plus qu'accomplir l'action qui m'incombe à l'instant T. Celle-ci est fonction de mon *karma* antérieur, que je liquide progressivement.

Dans les deux cas, j'arrête de créer de nouvelles causes qui produiront de nouveaux effets, c'est-à-dire du *karma,* de l'Histoire.

La méditation est la clé de la « paix perpétuelle ».

L'amour du prochain, la tolérance, le respect… ne suffisent pas à la paix perpétuelle. L'Histoire le montre.

Le point décisif, c'est le retour sur soi. Mais cela, personne ne veut en entendre parler.

Tant qu'il n'y a pas retour de l'énergie vers l'intérieur, un jour ou l'autre, c'est la guerre.

La souffrance que les guerres engendrent suscite à chaque fois un nouveau retour à l'intérieur. Et ainsi de suite jusqu'à que l'être humain ait compris et n'ait plus besoin de faire la guerre pour effectuer ce retour à l'intérieur de lui-même.

La quête extérieure est sans issue.
Si je médite, l'extérieur cesse d'être l'enjeu, l'énergie revient à sa source, et je réalise que la seule expansion qui puisse être, est l'expansion intérieure.
Cette prise de conscience est décisive pour mettre un terme à la quête extérieure effrénée et destructrice de la mondialisation techno-libérale insuffisamment régulée.

Manifeste d'une société de réalisation du soi.

La méditation (ou présence) ouvre l'ère de l'ahistoire ou éternité.

L'éternité arrive quand l'attente prend fin.
« Tout est déjà atteint ici et maintenant. »
Méditation clé d'une spiritualité laïque et d'une société de réalisation du soi.

Le réenchantement du monde

Le réenchantement du monde est à portée de conscience.

Comme l'ont montré notamment Max Weber et Marcel Gauchet, le désenchantement a deux origines importantes :
- L'hypertrophie de la raison ;
- La perte du rêve consécutive à la mort de Dieu, puis du Progrès technique et de la Croissance économique qui ont un temps remplacé Dieu.

Or, d'une part, je peux dépasser les limites de la raison par la conscience-perception.
Celle-ci non seulement redonne toute leur liberté au corps et au cœur, mais permet aussi d'accéder au silence mental et à la pleine présence.

D'autre part, je peux retrouver le Rêve, l'Étoile, le Projet, dans une spiritualité laïque et une perspective de bonheur individuel, collectif et durable. Le bonheur, tel que nous l'avons défini, en est un, réalisable à l'infini et pour tout le monde.
Internet et les nouvelles technologies (intelligence artificielle…) ont ressuscité le dieu Progrès technique et, en faisant disparaître le vide (par l'interconnexion continue), ont suscité une forme d'enchantement Mais cette perte du vide est, comme on l'a vu, néfaste pour la santé (physique, mentale et émotionnelle) et cette dynamique n'est pas durable.

Enfants et adolescents

Ô sublime Adolescence !
Sublime éclosion
Ode d'énergie vitale
Jaillissant tel le torrent dans la montagne !

Ô sublime Liberté !
Libre effronterie
Indestructibilité
Ouverture de tous les possibles !

Les enfants et les adolescents ont une si belle énergie vitale et la majeure partie est dilapidée en divertissement ou atrophiée devant des écrans.
Alors qu'avec les outils de la méditation et d'une spiritualité laïque, ils auraient accès à des trésors de perceptions, de connaissance et de créativité.

La grâce

Il y a la grâce qui sauve. La vie ou l'univers l'accorde dans certaines circonstances. Certains l'appellent « chance » ou « hasard ». Nous l'appelons la grâce de la transcendance.

Ne pas compter sur cette grâce. Car :
1) Je m'affaiblis instantanément. Comme à chaque fois que je compte sur quelque chose d'extérieur.
2) Cela empêche, en fait, la grâce d'opérer.
En effet, si la force de l'univers est *une* et coule en moi, alors si je compte sur l'extérieur, je romps l'unité de cette force.

Le meilleur moyen pour s'aligner sur cette force ?
Faire de son mieux à 100%.
Utiliser tous ses talents, toutes ses ressources[95].

L'autre grâce est celle de l'harmonie et de la fluidité.
C'est la grâce de l'immanence : la beauté de la nature, du monde animal, le rayonnement des éléments… Un bel être, un enfant, aussi, peuvent incarner cette grâce de l'énergie, la rendre visible.
Cette grâce réjouit le cœur et ravive la flamme de la foi en l'existence. C'est une autre forme de soutien.

---

[95] « Ne vous accordez pas le droit de demander l'aide et l'intervention du Seigneur avant d'avoir utilisé dans un état d'humilité et de prière tous les talents qui vous ont été attribués » (Sathya Sai Baba, *108 paroles*, Ararat, 2018).

Petite écolière en Inde, un matin

« *Good morning Sir !* »
La grâce a fusé
Innocence et fraîcheur absolues
Timbre chantant et enjoué
Ensoleillement irrésistible
Tout est atteint.

Pure onde de béatitude
Un cœur si simplement
et si parfaitement ouvert.

Gratitude infinie
pour ce moment parfait.

Deviens présent

Médecin ou acteur, directeur ou employé, poète ou banquier, passer un examen, éditer un livre, vivre ou non en couple… la présence est la clé de toutes les réussites terrestres.

Mais seul le travail intérieur donne accès à la pleine présence.

La pleine présence demande tout :

l'énergie et le réalisme en même temps que le recul et le détachement.

L'identification et la non-identification.

Le plein et le vide.

L'immanence et la transcendance.

La Terre et le Ciel.

La pleine présence mène à l'Unité sous-jacente à tout le Réel.

Aussi :

Deviens présent !
Embrasse la Terre,
Embrase la Vie,
Brûle de toute ta flamme,
Laisse jaillir toute ton âme.
Tant que le cœur n'est pas mis à nu
Vivre est une chose qui reste inconnue.

Présent à toi-même,
Présent au monde,
Communie.

Tout est énergie,
Tout est vibration,
Rien n'est séparé,
Tout est connecté.
Oui, frères et sœurs,
Tout vibre, tout résonne !

Deviens présent,
À l'écoute du Réel, le vrai Maître,
Tous tes centres ouverts.
Honore chaque forme,
« Ceci et Cela »,
Aphrodite et Lucifer,
Anges et démons,
Profite de toute situation.

Deviens présent,
Dans le monde mais non du monde,
Dans l'action et hors de l'action :
Non identifié, tel l'acteur.
« Ni Ceci, ni Cela. »
Libre de pleurer et pourtant libre de tes larmes,
En colère et pourtant témoin du feu qui t'embrase ;
Fort tout en restant faible,
Puissant tout en demeurant vulnérable.

Deviens présent,
Médite,
Mobile dans l'immobilité,
Immobile dans la mobilité.
Accueille le vide et tu gagneras la Plénitude :
Tout est déjà atteint ici et maintenant,

« Le paradis terrestre est là où je me trouve. »
La méditation est le point de départ et d'arrivée
de toute action, de toute civilisation.

Deviens présent,
Deviens souple,
Accueille les situations,
Accepte de sentir pour commencer à vivre,
Accepte de sentir ta douleur,
Et de pardonner aussi.
Le feu épure l'or,
Les épreuves t'améliorent,
Fonds dans la compassion,
Jusqu'à la triomphale aurore !

Deviens présent,
Prends ta place
Prends ton espace,
Ce monde est tien
Le sol te soutient,
Tu es ici chez toi,
Toute femme est reine
Tout homme est roi.

Deviens présent,
Le repère est la joie
La rampe est la foi,
Danse, danse, danse
Disparais dans la musique !
Enfant de la Béatitude !
Enfant de la Ferveur !

Honore le plaisir dans ton corps,
Honore l'amour dans ton cœur.

Deviens présent,
Sois heureux sans nuire à l'autre ni à la nature ;
Tout ce que je fais à l'autre,
Je me le fais à moi-même,
Tout ce que je fais à la nature,
Je le fais à mon propre corps.
Touche la terre, un arbre, un chat,
Touche de l'eau ou touche un dos,
Touche, et laisse toi toucher.
Tout est sacré.
Ce monde est ton propre corps
Et il sent quand tu l'honores.

Deviens présent,
En ouverture et accueil continus,
Sans attentes ni idées préconçues.
De toute façon, cela ne se passera pas comme prévu,
L'univers passe par des biais et des voies inattendus !

Deviens présent,
Obéis à la Vie,
Deviens un instrument entre ses mains,
Dis-lui Oui.
Offre-Lui tout !
Viendra la grande Magie !

Le plus beau cadeau au monde :
Le cadeau de ton état intérieur,

Deviens donc présent,
Tu seras un présent pour l'humanité !

V

Vers la lumière

Le centre immuable

-

En route vers le point oméga

Un des bénéfices des épreuves et des difficultés rencontrées est d'amener plus profond à l'intérieur. Jusqu'à la source, jusqu'à un point de centrage immuable d'où l'être peut tout accueillir et tout danser. Un genre de « point oméga[96] ».

Quelle souffrance parfois. La Vie paraît envoyer « tsunami sur tsunami », nous mettre à genoux encore et encore jusqu'à ce que toute arrogance soit brisée, qu'on ait rendu la dernière larme, et renoncé à toute attente. Ne subsistent que l'obéissance et le lâcher-prise.

Mâ Ananda Mayi évoquait la nécessité, sur le chemin de la réalisation, d'une « endurance inconditionnelle et d'une patience infinie[97] ». Un ancrage dans lequel l'être devient infiniment souple et indestructible.

Quelle que soit la difficulté, l'émotion, rester conscient.
Prendre profondément conscience, même.
Rester au centre et n'agir qu'à partir de ce centre.
Une fois revenu au centre, il ne reste parfois plus rien à faire.

---

[96] Concept de Pierre Teilhard de Chardin, le point oméga représente le point ultime du développement de la conscience vers lequel se dirige l'univers, et qui est aussi le point cause de cette évolution.
[97] In Timothy Conway, *Women of power and grace*, The Wake up press, 1994, p. 172.

Surfer la vague de la situation, sur la planche de la présence, jusqu'au bout.

Acceptation totale.
Une fois que tout est accepté, tout est transcendé.

Noire lumière

Parce que le chemin semble procéder, par moments, d'effondrement en effondrement.
Mais plus j'accepte mon obscurité, plus je transmute et libère la voie, et plus la lumière peut passer[98].
Le noir peut devenir très lumineux.

L'absolu est au cœur de la réalité et embrasse toute la réalité.
La lumière est omniprésente. Mais n'affleure pas toujours.
Plus la matière est dense, plus la lumière devra être forte.
Transcendant les contraires et les dualités.
Il n'est de lumière qui vaille qui ne traverse l'obscurité.

---

[98] Cf. Carl Gustav Jung : « Ce n'est pas en regardant la lumière qu'on devient lumineux, mais en plongeant dans son obscurité. […] La clarté ne naît pas de ce qu'on imagine le clair, mais de ce qu'on prend conscience de l'obscur. »

Le divin Enfant

I

Au levant,
J'ai Vu l'absolue perfection
De la ligne d'Horizon.
Éprouvant son absolue pureté
Je l'ai étreinte, et j'ai Aimé.

Voyant la Sphère ardente briser
Cette ligne immaculée,
Puis, montant au Ciel,
Progressivement s'embraser,
J'ai ressenti le miracle
Et la magie de l'existence.

Goûtant le Vide et l'Infini,
Mon corps a initié un lent mouvement,
Plongeant au cœur du Moment, à la Source,
Allant puiser à l'inextinguible Graal.
« Seul ce moment existe.
Rien d'autre au monde n'existe que ce moment. »
réalisai-je.

J'ai Vu le Saint-poète,
Ramasser des pierres
Au bord de la rivière,
Et célébrer chaque forme[99] !

---

[99] Référence ici à une pratique d'Hari Giri Baba, saint indien du XXe siècle.

Sentant alors monter dans mon cœur
La grande joie et les larmes
J'ai éprouvé et célébré : « Tout est Là »
« Tout est déjà atteint, ici et maintenant »

II

Accueillant en moi les ombres,
Le vieil homme, l'enfant blessé et autres fantômes,
Dans la danse, je me suis abandonné au Chaos salvateur,

Obscurité mise au grand jour
Vérité devenant beauté
Monstruosité devenant norme
Ombre devenant lumière

Le divin Enfant alors a jailli
Dans un rire et une grâce infinis
« Danse mon cœur, danse aujourd'hui plein d'extase[100] ! »

Face à la mer,
Bondissant au son
De tribales percussions,
Soulevé de terre
Par quelques telluriques démons,

J'ai respiré l'Immensité
Par tous mes pores, toutes mes entrées

---

[100] Vers attribué à Kabir, saint-poète, philosophe, musicien, tisserand, hindou et soufi (1440-1518).

175

Et j'ai disparu dans l'Air
« Danse mon cœur, danse aujourd'hui plein d'extase ! »

III

Pourtant, à la Nuit,
Dans un couloir obscurci,
Heurté par de rugueux rochers,
J'ai été contraint de me plier
Et de me faire petit.

Après l'infiniment grand,
Voilà que j'étais réduit
À devenir minuscule.
Et je fis l'expérience du *bindu*[101].

La Liberté alors vivement me rappela :
« Ni Ceci, ni Cela ! »
Ni même l'infiniment grand
Ni même l'infiniment petit,
Je suis !

IV

Le Jour venant, les Éléments se sont réunis
Pour me rappeler le terrestre paradis ;
Enduit dans l'argile, rendu au Sol,
J'ai retrouvé ma Peau primitive,

---

[101] Dans la tradition hindoue, point minuscule contenant l'univers.

Pétri et soutenu par la Terre,
Régénéré par l'Eau qui déferlait,
Purifié par le feu du Soleil
Et par le Vent mis en mouvement,

Symphonie des éléments
Se combinant en un mariage parfait,
J'étais totalement ouvert,
Vide et plein à la fois.

Puis, pénétrant au cœur
D'une forêt de conifères,
Dans un nuage de chaleur
Embaumé d'exquises senteurs,
Cerné par la végétation et sa clameur,
J'ai ressenti l'omniprésence de l'Énergie.
« Ceci et Cela ».
Tout est Là.

Index des auteurs et textes cités

Table des matières

III Éléments d'une spiritualité laïque

*
*   *
*

Chère lectrice, cher lecteur,

Un grand merci pour votre attention.

Si cet ouvrage vous a plu,
je vous remercie de poster un commentaire
sur la plate-forme où vous l'avez commandé
et / ou de « liker » sa page Facebook.

Vous pouvez aussi me contacter
ou me faire part de vos remarques via mon site
www.spiritualite-laique.com
Je me ferai un plaisir de vous répondre.

Bien cordialement,

Thomas Dilan

*
*   *
*

www.ingramcontent.com/pod-product-compliance
Lightning Source LLC
Chambersburg PA
CBHW060241050426
42448CB00009B/1550